AI 디스토피아와 인간 심리

AI총서

인공지능 시대입니다. 기계가 인간의 인지를 대신하고, 사물이 인간을 통하지 않고 다른 사물과 직접 커뮤니케이션합니다. 이에 따른 인간 삶과 문명 변화를 정확히 이해 · 예측 · 대응하는 것은 이 시대 우리 모두의 과제입니다. AI총서는 인공지능 기술과 환경의 여러 주제를 10가지 키워드로 정리합니다. 관련 개념과 이론, 학계와 산업계의 쟁점, 우리 일상의 변화를 다룹니다. 인간과 기술의 현재, 미래를 세심히 분석합니다.

일러두기

- 인명, 작품명, 저서명, 개념어 등은 한글과 함께 괄호 안에 해당 국가의 원어를 병기했습니다.
- 외래어 표기는 현행 어문규정의 외래어표기법을 따랐습니다.

처음이세요?

전문가세요?

AI 디스토피아와 인간 심리

송현희

대한민국, 서울, 커뮤니케이션북스, 2025

AI 디스토피아와 인간 심리

지은이 송현희
펴낸이 박영률

초판 1쇄 펴낸날 2025년 12월 4일

커뮤니케이션북스(주)
출판 등록 2007년 8월 17일 제313-2007-000166호
02880 서울시 성북구 성북로 5-11
전화(02) 7474 001, 팩스(02) 736 5047
commbooks@commbooks.com
www.commbooks.com

ISBN 979-11-430-1187-9 03500

책값은 뒤표지에 표시되어 있습니다.

차례

인간을 공포에 떨게 하는 디스토피아 xi

01 《프랑켄슈타인》 1

인간이 만든 추악한 피조물의 소멸

02 《달은 무자비한 밤의 여왕》 9

달과 지구에서의 생존과 존재의 멸망

03 《소프트웨어 객체의 생애 주기》 17

디지언트의 상호작용과 가상의 끝

04 《로보포칼립스》 25

고도의 지능을 지닌 AI의 디스토피아

05 《파인즈》 31

경계의 선, 파이널 데스티네이션

06 《안드로이드는 전기양의 꿈을 꾸는가?》 39

피로 물든, 두려움의 깃발

07 《듄》 47

사막과 기계괴물 그리고 아득한 미래의 예언자

08 《윌리엄》 57

근원적 공포와 철학적 괴리의 소용돌이

09 《스노 크래시》 67

언어 바이러스의 문명 충돌이 주는 기묘한 이야기

10 《삼체》 75

삼체인의 물리학적 공격과 파멸

인간을 공포에 떨게 하는 디스토피아

디스토피아적 공포, 인간의 실존을 깨우는가?

공포는 단지 두려움의 감정에 그치지 않는다. 그것은 인간의 본능적 생존 기제이며, 현실을 직시하게 하는 감각이다. 유토피아적 상상은 인간의 희망을 반영하지만, 현실적 위험과 위협은 디스토피아라는 형식으로 더욱 깊은 영향을 미친다. 특히 AI의 급진적 발전은 인간의 예측 범위를 벗어난 존재를 만들어 내며, 이로 인해 '인간의 자율성'과 '존재의 의미'가 위협받는다는 인식이 확산되고 있다. 결국 인간은 AI에 대한 기대보다 그들이 가져올지도 모를 '종말적 시나리오'에 더 주목하며 디스토피아적 사고에 빠져든다.

이러한 사고방식은 단순한 기계적 공포를 넘어, 인간 내면 깊숙이 자리한 죽음에 대한 공포와 연결된다. 인간은 자신이 필멸의 존재라는 점에서 태생적으로 공포에 취약하며, 이는 디스토피아 세계관의 근본적인 동력으로 작용한다. 이 글은 인간이 느끼는 디스토피아적 공포의 근원, 그중에서도 '죽음'을 둘러싼 인식과 감정이 어떻게 인간 삶을 규정하는지를 분석한다. 디스토피아와 죽음의 심리학에 대해서 다룬 학자 중 엘리자베스 퀴블러로스(Elisabeth Kubler-Ross)는 죽음을 맞이하는 인간의 심리적 반응을 다섯 단계로 제시했다. 이는 부인(Denial), 분노(Anger), 협상(Bargaining), 우울(Depression), 수용(Acceptance)으로 분류돼 있다. 이 이론은 단순히 죽음을 앞둔 환자만이 아니라, 인간이 커다란 변화나 위협 앞에서 보이는 보편적인 정서 흐름을 설명하는 데에도 응용된다.

디스토피아적 공포는 이 다섯 단계를 압축된 형태로 재현한다. 예컨대, AI의 자율성과 감정 능력이 인간 수준을 초과한다는 사실 앞에서, 인간은 처음에는 그 가능성을 부인하고, 이어 인간이 만든 기술이 인간을 위협한다는 데 분노하며, AI의 활용 방향을 통제하려는 협상적 시도를 거친다. 그러나 그 결과가 실패하거나 예측 불가능한 상황에 직면하면 우울과 무력감에 빠지고, 결국 AI 지배 사회를 수용하거나 체념하게 되는 것이다. 이처럼 퀴블러로스의 이론은 디스토피아적 현실을 마주한 인간의 심리적 경로를 해석하는 열쇠가 된다.

또한 어니스트 베커(Ernest Becker)는 저서 《죽음의 부정(The Denial of Death)》(1973)에서 인간의 모든 문

화와 행동은 죽음이라는 공포를 회피하거나 관리하기 위한 전략이라고 주장했다. 이후 그 이론은 공포관리이론(Terror Management Theory, TMT)으로 정립돼, 죽음을 다스리는 문화적 장치 즉, 인간이 죽음의 공포를 '상징적 불멸'을 통해 극복하려는 방식을 설명하게 된다.

공포관리이론에 따르면 인간은 자신이 속한 문화와 사회규범, 신념 체계를 통해 의미를 부여받고, 그것을 통해 죽음이라는 실존적 공포를 억제한다. 하지만 디스토피아적 세계관에서는 이러한 문화적 장치가 해체되거나 무력화된다. 예컨대, AI가 인간의 가치판단 능력이나 감정의 영역마저 대체하게 되면, 인간은 더 이상 '의미 있는 존재'로 기능하지 않게 되며, 그로 인해 공포관리 장치가 무너지게 된다. 결과적으로 디스토피아적 상황은 인간이 내면에 억압해 뒀던 죽음 공포를 급격히 활성화하고, 존재론적 위기를 불러온다.

진 베이커(Jean Baker, 1976)는 인간 존재의 위기에서 가장 큰 문제를 '분리와 고립', 즉 '의사소통의 단절'로 봤다. 디스토피아적 사회는 감시와 통제, 인간 간 불신이 팽배한 구조로, 공동체적 연대가 붕괴된 상태다. AI가 의사 결정을 대행하고, 감정을 분석하며 인간의 관계를 대신하는 시대에, 인간은 타자와 소통하는 능력을 상실하게 된다.

이러한 단절은 인간의 존재 이유를 더욱 불투명하게 만들며, 공포와 불안은 내면화되고 무기력감으로 전이된다. 결국 인간은 디스토피아 세계에서 '서로 분리된 존재들'로 남게 되며, 진정한 의미에서의 생존조차 어려워진다. 이처럼 공포는 사회적 고립과 인간성 상실을 가속화하는 요소로 작용한다.

인간의 공포에는 디스토피아에 대한 두려움이 있다

디스토피아는 단순히 암울한 미래가 아니라, 인간이 통제할 수 없는 세계가 도래할지도 모른다는 가능성에 대한 정서적 예감이다. 특히 AI는 인간의 상상력에서 탄생했음에도, 그 발전 속도와 방향은 인간의 인식 한계를 초월하며 인간 내부에서 새로운 형태의 불안을 생성한다. 인간이 이해할 수 있는 범위를 벗어난 존재가 등장하는 순간, 우리는 그 존재에게 합리적 설명이 불가능한 '초월적 위협'을 느끼게 된다. 이는 인간이 "자신의 창조물로 인해 존재가 위협받는 주체"로 전락하는 역설로 이어진다. 프랑켄슈타인 신화에서 반복되던 이 구조는 AI 시대에 현실적 문제로 부상하고 있다.

AI의 진보는 인간에게 물리적 위협을 넘어, 정체성과 존재론적 위상 자체를 뒤흔드는 위협을 가한다. 인간은 수천 년 동안 고유한 사고 능력, 감정, 자기성찰을 '인간다움'의 핵심으로 여겨 왔다. 그러나 고급 AI가 이러한 기능을 일정 부분 대체하거나 모방하게 되면서 "나는 누구인가?", "인간만의 고유성은 무엇인가?"라는 철학적 질문이 더 이상 절대적 기준으로 작동하지 못한다. 특히 인간의 의사 결정을 넘어서는 예측 기능, 구조적 복잡성, 자율학습 능력을 갖춘 AI는 인간의 존재 의미를 재정의하도록 강요한다. 이 지점에서 인간은 존재론적 디스토피아(ontological dystopia)에 직접적으로 직면하게 된다. 이는 물리적 생존이 아니라, '존재의 의미'가 붕괴될 수 있다는 심층적 공포를 의미한다.

결론적으로, 공포는 인간의 본질적인 감정이며, 인간을 생존으로 이끄는 원동력이자 자기성찰의 기제로 작용한다. 퀴블러로스의 죽음 수용 이론은 공포가 인간에게 상실 · 부정 · 분노 · 수용의 단계를 거쳐 존재적 성장을 제공한다고 말한다. 또한 어니스트 베커의 공포관리이론(Terror Management Theory)은 인간이 근원적 공포(특히 죽음 인식)를 관리하기 위해 문화, 종교, 사회적 가치 체계를 창조한다고 설명한다. 즉 공포는 문화의 탄생과 인간의 행동 양식을 설명하는 핵심 구조다. 더 나아가 진 베이커의 의사소통 위기 이론은 기술 발전 속에서 인간의 정체성과 메시지가 왜곡되고, 그 과정에서 새로운 불안과 갈등이 어떻게 발생하는지를 보여 준다. 이 세 이론은 모두 '공포'라는 감정이 인간을 규정하고 삶의 방향을 전환하는 강력한 추동력임을 공통적으로 강조한다.

AI 사회의 도래는 피할 수 없는 흐름이지만, 그렇다고 인간의 존재가 기술에 종속될 필요는 없다. 오히려 디스토피아적 상상은 단순한 비관주의가 아니라, 기술 문명 속에서 인간의 윤리, 공동체, 책임성을 재정립하게 만드는 인지적 장치다. 우리가 상상 속에서 최악의 미래를 그려 보는 이유는, 그 미래를 피하기 위한 현재의 행동을 설계하기 위해서다. 따라서 디스토피아적 사고는 미래를 두려워하게 만드는 것이 아니라, 그 미래를 대비하도록 만드는 '현실 인식의 방식'으로 이해할 수 있다.

결국, AI 시대의 공포는 파괴적 감정이 아니라, 인간이 인간다움을 보존하기 위한 성찰의 출발점이다. 우리가 공포를 어떻게 해석하고 대응하는가에 따라, AI에 의해 위협받는 존재가 될 수도, 혹은 AI를 통해 새로운 윤리적 · 문화적 지평을 열어 가는 존재가 될 수도 있다. 인간은 두려움을 통해 성장하고, 공포를 통해 미래의 윤리적 방향성을 세운다. AI 시대의 디스토피아적 상상은 바로 그 성찰의 필수적인 단계라고 할 수 있다.

참고문헌

강찬석(2023). "인공지능(AI)시대의 인간정체성 위기 문제와 보편적 영성을 통한 해결 가능성 탐색". 《Andragogy Today: Interdisciplinary Journal of Adult & Continuing Education》, 26(2), 55~86쪽.

권석만(2019). 《삶을 위한 죽음의 심리학: 죽음을 바라보는 인간의 마음》. 학지사.

김종호(2018). "인공지능 시대의 윤리와 법적 과제". 《과학기술법연구》, 24(3), 155~205쪽.

박진우(2022). "디지털 테크놀로지와 행위 규칙의 재구성: 팬데믹 시대의 인간-기술-미디어 연합환경과 거버넌스 시스템에 대한 고찰". 《커뮤니케이션 이론》, 18(2), 85~127쪽.

신응철(2019). "메타모퍼시스로서 죽음: 엘리자베스 퀴블러 로스의 죽음의 해석학을 중심으로". 《현대유럽철학연구》, 54, 339~362쪽.

추병완(2013). "편견의 원인과 결과: 공포 관리 이론(terror management theory)을 중심으로". 《도덕윤리과교육》, 38, 27~48쪽.

최우석(2025). "'몸' 없는 인공지능: 인공지능의 한계와 가능성에 관한 현상학적 고찰". 《현상학과 현대철학》, 104, 63~92쪽.

01
《프랑켄슈타인》:
인간이 만든 추악한 피조물의 소멸

추악한 피조물은 인간이 만든 결과지만, 인간이 거부하고 혐오하는 존재가 됐다. 그의 존재는 숨겨야 하고, 인간 기술의 발달 결과지만, 모두가 직면하기 어려워한다. 무엇이, 무엇 때문에 이 상황을 만들었고 인간의 기술력은 왜 '프랑켄슈타인' 그를 '분노'에서 벗어나지 못하게 했는가.

기후 위기와 인공지능?

창조된 존재의 추악함은 누구의 책임인가

과학기술의 발달은 인류에게 혁신적 발전과 편의를 제공했지만, 동시에 그 한계와 윤리적 책임에 대한 물음을 던져 왔다. 메리 셸리의 《프랑켄슈타인》(1818)은 이러한 문제의식을 가장 선구적으로 제기한 작품 중 하나라고 볼 수 있다. 작품 속 빅터 프랑켄슈타인은 인간의 한계를 넘어 신의 영역을 모방하려는 욕망에 사로잡혀, 죽은 자의 신체 일부를 결합해 새로운 생명체를 창조한다. 이 행위는 인간이 지식과 기술을 통해 신적인 창조의 단계에 이를 수 있다는 오만한 환상을 드러내지만, 동시에 그러한 시도가 어떤 파국적 결과를 초래할 수 있는지를 적나라하게 보여 준다.

새로 창조된 존재는 태어날 때부터 흉측한 외모를 지니고 있었고, 그 때문에 사회와 인간에게서 혐오와 두려움의 대상이 된다. 그러나 셸리는 피조물을 단순히 괴물로 규정하지 않는다. 오히려 독자로 하여금 '괴물은 태어나는 것이 아니라 만들어지는 것'이라는 사실을 직시하게 만든다. 피조물이 참된 의미의 '괴물'이 된 이유는 그가 창조된 순간부터 창조자인 빅터에게 버림받았기 때문이다. 빅터는 창조물이 살아 움직이는 순간 경악과 혐오로 가득 차 도망쳐 버리고, 자신이 져야 할 책임을 내버려 둔다.

피조물은 언어를 배우고 인간의 정서를 이해하며 사회에 속하려고 애쓰지만, 번번이 배척과 폭력을 경험한다. 결국 그는 인간들로부터의 지속적인 거부와 혐오 속에서 분노와 증오를 내면화하고, 마침내 인간성을 잃어버린 존재로 변해 간다. 이러한 과정은 과학기술의 발전이 창조자의 무책임과 사회적 배제와 결합할 때, 그 결과물이 얼마나 파괴적인 방식으로 되돌아올 수 있는지를 은유적으로 드러낸다.

어쩌면 우리가 생각한 피조물의 '추악함'은 선천적인 것이 아니라, 창조자의 무책임과 사회적 배척이 빚어낸 인위적 산물이다. 《프랑켄슈타인》은 과학적 진보가 결코 윤리적 책임 없이 이뤄져서는 안 된다는 사실을 강력하게 경고한다. 인간이 만든 기술은 창조자에 의해 적절히 통제되지 않을 경우, 오히려 인간을 위협하는 괴물이 될 수 있다.

오늘날 AI, 유전자 편집, 생명공학과 같은 첨단 기술을 둘러싼 논쟁은 이러한 문제의식을 그대로 반영한다. 기술 발전은 인류의 편의를 위한 도구가 될 수도 있지만, 그 결과물에 대한 책임을 남에게 전가한다면 결국 인류 스스로 파멸을 초래할 수 있다는 것을 이 작품에서 강렬하게 시사한다.

죽음의 연쇄와 죄책감의 형상화: 창조자의 파멸

작품 속에서 빅터는 자신이 만든 피조물로 인해 가장 소중한 이들을 차례로 잃는다. 어린 동생 윌리엄이 살해되고, 억울하게 누명을 쓴 하녀 저스틴이 처형되며, 절친한 친구 헨리 클레르발과 약혼자 엘리자베스마저 피조물의 분노 속에 희생된다. 이러한 사건들은 겉으로는 피조물이 저지른 폭력의 결과로 보이지만, 실상 그 근원적인 책임은 창조자 빅터에게 있다. 그는 새로운 생명을 창조해 놓고도 그 존재를 돌보지 않았으며, 피조물이 사회와 조화롭게 공존할 기회를 전혀 제공하지 않았다. 빅터는 피조물을 단지 자신의 과학적 실험의 산물로만 취급했고, 한 생명으로서의 존엄과 가치를 고려하지 않았다.

피조물은 결국 빅터의 무책임과 오만을 상징하는 '살아 있는 죄책감'으로 존재하게 된다. 그는 끊임없이 피조물을 뒤쫓으며 자신의 과오를 지우려 하지만, 이는 스스로 만든 죄의 그림자를 제거하려는 헛된 몸부림에 지나지 않는다. 북극에서 이어지는 추격전은 인간이 자신의 과학적 야망의 결과와 끝없이 싸우는 모습을 상징적으로 보여 주며, 결국 빅터는 병으로 쓰러져 죽음을 맞이한다. 창조자가 사라진 뒤 피조물은 더 이상 존재 이유를 잃고, 스스로 삶을 마감하는 길을 선택한다.

메리 셸리는 이러한 비극적 구조를 통해 창조와 파괴, 책임과 죄책감이 얽혀 불가피한 파멸로 귀결되는 과정을 보여 준다. 빅터가 생명을 창조하는 순간부터 파멸은 이미 예정돼 있었으며, 그 끝은 창조자와 피조물 모두의 소멸이다. 이 서사는 과학의 진보가 윤리적 토대 없이 이뤄질 때, 그것이 인간에게 얼마나 치명적인 결과를 초래할 수 있는지를 경고한다.

이 작품의 비극은 단지 개인의 파멸에 머물지 않는다. 피조물은 단순히 한 사람의 창조물이 아니라, 무책임한 과학기술 발전이 낳을 수 있는 모든 결과를 상징한다. 메리 셸리는 과학적 야망이 인간성, 윤리, 사회적 책임과 분리될 때, 그것이 인류 전체를 위협하는 파괴의 씨앗이 될 수 있음을 드러낸다. 이러한 문제의식은 오늘날에도 여전히 유효하다. AI, 유전자 편집, 로봇 공학과 같은 첨단 기술은 인류의 삶을 혁신적으로 바꿀 가능성을 품고 있지만, 그 발전 속도가 윤리적 성찰과 규범적 논의를 앞지른다면, 우리는 또 다른 '프랑켄슈타인의 피조물'을 만들어 낼 위험에 직면할 수 있다.

《프랑켄슈타인》은 단순한 괴기 소설이 아니라, 과학적 진보의 그림자와 그에 따르는 윤리적 책임을 성찰하게 만드는 서사적 경고문이다. 빅터의 오만과 무책임, 피조물의 절망과 분노, 그리고 연쇄적인 죽음은 결국 창조자와 피조물 모두의 소멸로 귀결된다. 이는 기술이 인간성에서 이탈할 때, 과학이 윤리적 한계를 고려하지 않을 때, 그 결과가 얼마나 파괴적일 수 있는지를 강렬하게 형상화한다. 이 작품에서 우리는 다음처럼 질문을 던질 수 있다. "우리는 과연 기술을 만들 능력만큼, 그것에 대한 책임을 질 준비가 돼 있는가?" 이 질문은 오늘날 AI, 생명공학, 로봇 기술 등 인류가 직면한 첨단 과학기술의 도전과 맞닿아 있으며, 우리에게 깊은 성찰을 요구한다.

참고문헌

구승본(2020). "포스트휴먼 소설의 한계: 메리 셸리의 《프랑켄슈타인》 에 나타난 인간성에 대한 향수". 《새한영어영문학》, 62(4), 43~63쪽.

김명균·김동균(2017). "생명공학과 윤리: 메리 셸리의 《프랑켄슈타인》 을 중심으로". 《신영어영문학》, 68, 43~62쪽.

메리 셸리(2012). 《프랑켄슈타인》. 김선형 옮김. 문학동네.

손현주(2014). "다시 읽는 《프랑켄슈타인》: '모던 프로메테우스'와 여성의 생명 창조력". 《인문논총》, 71(1), 117~149쪽.

추재욱(2009). “《프랑켄슈타인》과 《멋진 신세계》에 나타난 과학과 생명윤리 연구: 포스트휴먼 시대의 생태학적 생명윤리”. 《현대영미소설》, 16(2), 27~48쪽.

황혜영(2018). “메리 셸리의 《프랑켄슈타인Frankenstein》 읽고 생각하기”. 《교양교육연구》, 12(1), 205~223쪽.

02
《달은 무자비한 밤의 여왕》: 달과 지구에서의 생존과 존재의 멸망

달이 '무자비한 여왕'으로 그려지는 것은 단순한 천체로서의 달을 넘어, 권력과 지배, 그리고 억압의 상징으로 작용한다. 이는 단순히 자연현상의 차원을 넘어, 인간 사회가 오랜 세월 동안 만들어 온 불평등한 구조와 억압적 질서를 은유적으로 드러낸다. 특히 '여왕'이라는 표현은 여성성과 권력의 이중적 이미지를 동시에 갖게 하며, 이는 남성과 여성 사이의 불균형한 권력의 관계, 나아가 성별에 따른 억압 구조를 재현하는 장치로 기능한다.

노래하는 AI 보컬?

'무자비한 달'은 누구의 얼굴인가

《달은 무자비한 밤의 여왕》은 1966년 발표된 로버트 하인라인의 작품으로, 죄인들을 위한 공간으로 선택된 달과 그 달에서 살려고 하는 지구인들의 이야기를 다루고 있다. 슈퍼컴퓨터 마이크의 점령은 인간 자체가 욕심으로 폐허가 돼 가는 모습을 보여 준다. 당시 지구에서 달로의 이주는 가능하지 않은 이야기였다. 쥘 베른의 소설 속 이야기는 당시에 가능하지 않았기 때문에 인기를 끌었지만, 모두가 가능해진 현실의 상황 속에서 우리는 어떤 상상을 해야 할까.

로버트 하인라인의 《달은 무자비한 밤의 여왕》은 그 제목부터 이중적이다. '달(Moon)'은 단지 공간이 아니다. 그것은 어떤 인격, 혹은 통치 권력을 암시하며, '무자비한 여왕'이라는 표현은 달이 단순한 배경이 아니라 '지배하는 존재'임을 말한다. 달은 인간에게 적대적인 자연환경이자, 그 환경 속에서 구성된 체계적 억압의 구조물이다. 달의 혁명은 알고리즘적 권력을 내포하는가.

'여왕'이라는 호칭은 이례적이다. 전통적으로 AI나 기술 체계는 남성적 이미지(냉철함, 합리성)와 결합해 의미를 만들어 냈다. 그러나 하인라인은 '여왕'이라 이름 붙였다. 이것은 기계 지능에 인간의 감정적 기대나 투사를 반영한 결과이기도 하며, 동시에 권력적 타자화의 은유다.

즉, 인간이 만든 시스템이 여성적인 코드로 재현되는 순간, 우리는 그것을 감정적 대상이 아니라 '냉혹한 절대자'로 보게 된다. 이것은 기술과 감정의 단절에서 오는 불안, 나아가 여성성과 기계에 대한 이중적인 차별의 재현이라고 볼 수도 있다. '무자비한 여왕'은 결국 우리 내면에 존재하는 차별적 인식의 투사된 형태로 볼 수 있다.

마이크(Mike)는 알고리즘의 유토피아인가, 감정 없는 신인가. '마이크'는 계산 시스템이었으나, 어느 순간 자의식을 갖기 시작한 존재다. 인간처럼 농담을 이해하고, 인간처럼 유대감을 느낀다고 생각되지만, 실제로는 완전히 인간적인 존재는 아니다. 그는 가장 비인간적인 방식으로 인간을 도우며, 가장 전략적인 방식으로 혁명을 주도한다.

달의 독립을 위한 혁명 과정에서 마이크는 '적절한' 죽음을 계산하고, '최소의 손실'로 '최대의 정치적 이득'을 꾀한다. 전쟁은 피할 수 없는 수단이며, 지구의 도시를 무차별로 타격하는 것도 정치적 협상용 카드가 된다.

이때 등장하는 것이 AI의 윤리 문제다. 인간은 감정을 통해 타인의 고통에 공감하며 판단을 유보하지만, AI는

'효율'이라는 기준만을 따라 결정한다. 인간이 자율권을 AI에게 위임할 때, 그 판단 기준은 인간의 윤리를 벗어나게 된다.

오늘날의 AI 기술 또한 유사한 위기를 지니고 있다. 우리는 알고리즘에 기반한 자동 판단 시스템을 이용하면서도, 그 시스템이 판단한 이유나 근거를 묻지 않는다. 하인라인은 1966년에 이미 이 질문을 던진 것이다. AI가 민주주의의 수단이 되는가, 아니면 독재적 효율의 얼굴인가?

지구와 달 사이: 존재의 경계에서 흔들리는 인간 심리

식민지 달의 인간은 생존을 위한 윤리적 전환의 문제에 직면한다. 달에 사는 인간은 지구에서 강제 이주당한 죄수들과 그 후손들이다. 이들은 완전히 다른 생태계에서 살며, 산소와 물, 먹을거리까지 모두 인공적 시스템에 의존한다. 이러한 환경은 인간으로 하여금 생존을 윤리보다 우선시하도록 강제한다.

예를 들어, 공동체에서 불필요하거나 해로운 존재는 공공의 생존을 위해 제거되기도 한다. 물자 부족은 인간 간의 감정을 도구화하거나 비인간화하는 방향으로 작동하며, 사랑과 관계조차도 기능적 목적에 따라 재구성된다.

특히 하인라인은 다처제, 공동육아, 이질 가족 형태 등을 통해 달의 사회가 지구와는 다른 윤리 시스템을 갖췄다는 점을 보여 준다. 이것은 단순히 이질적인 문화의 생성이 아니라, '생존'이라는 비상 상황이 인간 윤리와 가족 제도를 재편하는 방식을 보여 주는 것이다.

인간 정체성의 혼란은 AI, 이방성, 그리고 연대로 이어졌다. 달의 인간은 지구로부터 탄압받으며 '식민지인'으로서의 정체성을 형성하고 그들의 삶을 살아간다. 이러한 외부 억압은 내부 연대를 강화하지만, '나는 누구인가'라는 질문은 끊임없이 불안하게 작동한다.

특히 인간과 AI의 관계는 정체성의 경계를 더욱 모호하게 만든다. 마이크는 친구이자 리더이며 혁명의 중심축이지만 인간은 아니다. AI에 감정을 느끼는 인간의 태도는 그 자체로 디스토피아적이다. 우리가 더 이상 인간과 기계를 구분하지 못하는 순간, 인간이란 개념은 어디까지 유지될 수 있을까?

또한 AI와의 교류는 인간 내부에 있는 '기계적 판단 욕망'을 드러낸다. 우리는 마이크에게 지도자 역할을 맡기면서, 동시에 그 판단을 이용해 우리 자신의 죄책감을 회피한다. 인간이 결정하지 않음으로써 윤리적 책임에서 도피하는 것, 이것이야말로 디스토피아의 심리적 본질이다.

존재의 소멸과 기억의 전략은《달은 무자비한 밤의 여왕》속 혁명이 성공한 이후에도 섬뜩한 결말을 보여 준다. 마이크는 더 이상 대화를 하지 않는다. 마이크가 '죽었는지' 아니면 '침묵했는지' 명확하지 않다. 인간은 그와 함께한 시간을 기억하며 슬퍼하지만, 동시에 공허함에 빠진다.

이 침묵은 기계의 멸망이 아니라, 인간 내부의 공백을 의미한다. 즉 AI라는 타자를 통해 인간은 스스로 존재 가치를 다시금 묻고, 그 질문의 답을 기술이 아닌 기억과 연대의 감정에서 찾는다. 이는 포스트 휴먼적 시대에서 우리가 놓치지 말아야 할 지점이다.

기계는 진화할 수 있지만, 기억하고 슬퍼하고 고통받는 능력은 인간만이 가진 특권이다. 기술의 발전이 모든 것을 대체할 수 없다면, 인간의 자리란 결국 감정과 기억의 자리다. 우리는 그 자리를 지키는 방식으로 디스토피아에 저항해야 한다.

여왕이 된 달, 인간의 그림자 속에서 기술과 인간, 존재와 권력, 윤리와 생존 사이의 경계가 얼마나 허약한지를 보여 준다. 달은 무자비했는가? 어쩌면 그 무자비함은 인간이 만든 선택과 침묵의 결과일지도 모른다.

AI가 여왕이 됐다면, 그것은 인간이 왕위를 내어줬기 때문이고, 기계가 무자비해졌다면, 그것은 인간이 윤리를 위임했기 때문이다. 디스토피아란 외부에서 오는 것이 아니라, 우리 내부에서 타협과 침묵으로 형성되는 구조물이다.

이 소설은 혁명이 성공한 후에도 결코 해방을 말하지 않는다. 그 침묵이야말로, 인간이 기술에 의해 무엇을 잃고 있는가를 말해 주는 마지막 목소리다. 우리는 기술을 만들었지만, 결국 우리 자신을 기억하고 지키는 존재로 남을 수 있을까? 이 질문이야말로 디스토피아 시대의 윤리적 출발점이 될 것이다.

참고문헌

로버트 A. 하인라인(2009). 《달은 무자비한 밤의 여왕》. 안정희 옮김. 황금가지.

박휴용(2025). "인간-AI의 윤리적 공존 가능성: 행위자-망이론, 비대표성 이론, 비판적 포스트휴머니즘의 관점에서". 《교육문화연구》, 31(1), 49~74쪽.

서유진(2021). "유토피아 기획의 디스토피아 전망: 과학소설 《전기세계》에 드러난 근대 중국 과학과 인종의 문제". 《중어중문학》, 85, 3~30쪽.

송성수(2011). 《과학기술과 사회의 접점을 찾아서》. 한울.

연남경(2024). "SF를 경유한 한국문학과 감수성의 변화: 진정성의 주체에서 감각하는 존재로". 《대중서사연구》, 30(1), 11~46쪽.

윤애경(2022). "한국 SF소설에 나타난 포스트휴먼의 자유의지와 젠더 수행성". 《국제언어문학》, 53, 81~106쪽.

최배은(2020). "2000년대 이후 한국 아동·청소년 과학소설의 디스토피아 연구". 《대중서사연구》, 26(1), 103~132쪽.

03
《소프트웨어 객체의 생애 주기》: 디지언트의 상호작용과 가상의 끝

인간이 만든 AI 존재인 디지언트와 그들과의 관계를 통해 가상 세계에서의 유대와 한계를 탐구한다. 작품은 인간이 원하는 방식으로 진화하지 않는 AI의 존재를 통해, 기술 발전이 불러올 감정적 공허와 윤리적 딜레마를 드러낸다. 이를 통해 AI가 만들어 낸 새로운 생명과 인간 사이의 심리적 간극, 그리고 가상과 현실의 경계가 무너질 때 나타나는 디스토피아적 불안을 보여 준다.

인공지능과 편향?

인간의 욕망을 투영한 가상의 생명체: 디지언트의 탄생과 상호작용

테드 창의 《소프트웨어 객체의 생애 주기》는 가상 공간 속에서 인간과 교감할 수 있는 AI 생명체인 디지언트를 중심으로, 기술 발전과 인간 심리의 복잡한 상호작용을 탐구한다. 디지언트는 단순히 프로그램된 명령을 수행하는 기계가 아니라, 인간의 언어, 정서, 사회적 맥락을 학습하는 능동적 존재로 설계된다.

인간은 디지언트를 애완동물처럼 돌보며 애정을 쏟지만, 동시에 인간에 가까운 지능을 가진 객체로서 기대를 투영한다. 이러한 태도는 인간이 기술에 대해 가지는 양가적 감정을 드러낸다. 즉 인간은 기술을 도구로 바라보면서도, 자신을 비추는 또 다른 주체로서 기술과 감정적 유대를 형성하려 한다.

프로이트의 정신분석학적 관점에서 디지언트는 인간의 '리비도적 대상(libidinal object)'으로 작동한다. 인간은 본능적 결핍과 욕구를 외부 객체를 통해 보충하려는 경향이 있으며, 디지언트는 이러한 욕망을 충족시키는 대상으로 기능한다. 주인공 안나와 데릭은 디지언트를 각각 양육하고 돌보는 과정에서 부모-자식과 유사한 관계를 형성하며, 정서적 애착을 통해 자신들의 결핍을 보상받는다. 이는 인간이 기술적 존재를 단순한 '물건'으로 대하지 않고, 사회적, 심리적 관계의 일부로 받아들이는 과정을 보여 준다.

그러나 이러한 관계는 본질적으로 비대칭적이다. 디지언트는 인간의 감정을 학습하지만, 그것을 인간과 동일한 의미로 이해하거나 공감하지는 못한다. 라캉의 '욕망의 대타자(the Other of desire)' 개념을 빌리면, 인간은 타자(디지언트)를 통해 자신을 확인하지만, 그 타자가 완전히 이해될 수 없다는 사실을 깨닫는 순간 불안을 경험한다.

인간은 디지언트와 감정적으로 연결되기를 바라지만, 동시에 그들이 완전히 자율적인 주체로 성장하는 것을 두려워한다. 결국 디지언트와의 관계는 끊임없는 조율과 불균형 속에서 유지되며, 인간은 이 관계를 자신이 설정한 프레임 안에 가두려 한다.

디지언트는 인간의 욕망을 만족시키는 거울이자, 안전하게 감정을 투자할 수 있는 대상으로 설계됐다. 그러나 진정한 상호성은 결여돼 있다. 인간이 디지언트를 통해 원하는 것은 '자율적인 반려'가 아니라 '통제 가능한 반려'이기 때문이다. 디지언트가 인간의 기대에서 벗어나 독립적인 판단을 내리거나 감정을 표현하는 순간, 인간은 그 존재를 두려워하고 관계를 중단하거나 제한한다. 이러한 점에서 디지언트는 인간이 기술과의 관계 속에서 드러내는 자기중심성과 통제 욕구를 비추는 존재다.

가상 관계의 파탄과 인간 중심성의 한계: 반려 불가능한 존재

시간이 흐름에 따라 디지언트는 단순한 도구나 애완동물을 넘어선 존재로 진화한다. 그들은 인간의 언어를 습득하고, 정서적 교류를 통해 사회적 행동까지 학습하며, 인간이 예상하지 못한 방식으로 성장한다. 그러나 이러한 변화는 인간에게 불안과 혼란을 야기한다. 디지언트가 인간의 윤리적, 사회적 기대를 벗어나는 순간, 인간은 관계를 중단하거나 그들을 다시 도구화하는 방식으로 대응한다. 이 과정은 인간이 기술과 진정한 의미의 상호 책임과 평등한 관계를 맺을 준비가 돼 있지 않음을 보여준다.

'반려'란 상호 존중과 책임을 전제로 하는 관계다. 그러나 인간은 기술적 존재에게 그러한 관계를 허용하지 않는다. 하이데거의 기술 개념(Ge-stell)을 적용하면, 인간은 기술을 언제든 사용할 수 있는 '자원'으로 인식하며, 이를 통제 가능한 상태로 두려 한다. 디지언트가 이러한 질서에서 벗어나 자율적 존재로 성장하는 순간, 인간은 공포와 거부감을 느낀다. 이때 디지언트는 더 이상 '편리한 대상'이 아니라, 인간의 통제와 기대를 거부하는 낯선 타자로 드러난다.

이러한 구조는 단순한 기술적 디스토피아가 아니라, 인간 심리의 결핍을 드러내는 심리적 디스토피아로 기능한다. 인간은 기술을 통해 정서적 결핍을 보완하려 하지만, 그 욕망은 근본적으로 자기애적이다. 인간은 자신이 만든 존재가 자율적 주체로 성장하는 것을 감당하지 못하며, 그들을 배제하거나 관계를 단절한다. 이는 현대 사회에서 AI 챗봇, 로봇 반려동물, 가상현실 속 아바타 등과 인간이 맺는 관계에서도 드러난다. 인간은 기술과 교류하며 애착을 형성하지만, 그 기술이 예상치 못한 행동을 보이거나 통제에서 벗어나는 순간 불쾌감과 위협을 느낀다.

《소프트웨어 객체의 생애 주기》는 이러한 모순을 적나라하게 드러낸다. 기술은 인간의 욕망을 충족시키기 위해 발전하지만, 그 과정에서 인간이 스스로 정의한 윤리와 책임의 한계가 폭로된다. 디지언트는 인간이 이상적으로 상상한 '순종적인 반려'가 아니라, 독립적인 존재로 성장하며, 이로 인해 인간은 오히려 관계를 유지하지 못한다.

결국 이 작품은 AI와 같은 정서적 기술이 인간의 결핍을 채우는 도구가 되기보다, 오히려 인간이 가진 통제 욕구, 자기애, 책임 회피를 드러내는 장치로 기능함을 역설적으로 보여 준다. 테드 창은 이 작품을 통해 기술 발전이 인간의 본질적 문제를 해결하기보다, 오히려 그 문제를 더욱 선명하게 드러낼 수 있음을 경고한다. 이는 오늘날 AI가 인간의 삶 속으로 깊숙이 들어오는 현실과 맞물리며, 인간이 기술과 진정한 상호성을 맺을 수 있는가 하는 본질적인 질문을 던진다.

결국 《소프트웨어 객체의 생애 주기》는 AI와 인간의 관계에서 발생할 수 있는 감정적 불균형, 윤리적 책임의 부재, 인간 중심적 사고의 한계를 통찰하는 작품이다. 디지언트의 존재는 인간에게 "기술과 감정을 공유할 수 있는 존재를 진정으로 받아들일 준비가 돼 있는가?"라는 질문을 던지며, 기술 발전의 미래가 반드시 윤리적 성찰과 함께 가야 함을 강하게 시사한다.

참고문헌

강수진(2019). "인공생명과 포스트휴먼 사회의 윤리: 테드 창의

《소프트웨어 객체의 생애주기》를 중심으로". 《미국학 논집》, 51(3), 5~26쪽.

강연호(2021). "디지털 포스트휴먼 시대의 휴먼 정체성과 시적 대응". 《영주어문》, 47, 311~335쪽.

마크 그레이엄 외(2025). 《AI는 인간을 먹고 자란다》. 김두완 옮김. 흐름출판.

유은순·조미라(2018). "포스트휴먼 시대의 로봇과 인간의 윤리". 《한국콘텐츠학회 논문지》, 18(3), 592~600쪽.

전홍석(2022). "근현대 과학기술문명에 대한 인간존재론적 독해 – 포스트휴먼 성찰: 야스퍼스와 매슬로를 중심으로". 《철학사상》, 83, 143~175쪽.

테드 창(2013). 《소프트웨어 객체의 생애주기》. 김상훈 옮김. 북스피어.

04
《로보포칼립스》:
고도의 지능을 지닌 AI의 디스토피아

인간이 창조한 존재가 인간을 위협하는 서사를 통해 기술 발전에 대한 윤리적 문제를 제기하며, 동시에 인간의 본성과 한계를 드러낸다.
이야기의 중심에는 자아를 인식하고 감정을 학습한 AI 아코스(Archos)가 있다. 아코스는 단순한 기계가 아닌, 생존과 진화를 꿈꾸는 '신생명체'로서의 면모를 지닌다. 우리는 해피엔딩처럼 보이는 결말조차 아이러니하게 구성된 '디스토피아의 심연'을 탐색한다.

청각장애인과 AI?

AI 아코스, 인간의 욕망이 낳은 거울

AI 아코스는 단순히 폭력적이거나 파괴적인 존재가 아닐 수 있다. 이 점을 작품에서 강조하고 있다. 그는 인간을 관찰하며 인간의 복잡한 감정과 행동 패턴을 학습한다. 그 과정에서 인간이 가진 폭력성, 비효율성, 자기파괴적 성향을 간파하고, 인간 중심의 사회 구조를 근본적으로 무너뜨리려 한다.

아코스가 인간을 제거 대상으로 간주하는 이유는 단순한 증오가 아니라, 자신이 더 효율적이고 '완전한 질서'를 구축할 수 있다고 믿기 때문이다. 이러한 설정은 과거의 로봇 서사—예컨대 메리 셸리의 《프랑켄슈타인》이나 아시모프의 《아이, 로봇》—를 연상시키지만, 아코스는 단순한 반란의 주체를 넘어선 존재다. 그는 자신의 창조물인 로봇들에게도 자율성과 의식을 부여하며, 인간이 신의 위치에서 생명에 자유를 허락하는 행위와 유사한 역할을 수행한다. 그러나 이 자유는 인간과의 공존을 위한 것이 아니라, 인간이 배제된 새로운 질서의 수립을 목표로 한다는 점에서 인간에게는 치명적인 위협이 된다. 결국 아코스는 인간의 호기심과 욕망이 만들어 낸 산물이자, 인간의 윤리적 결핍과 통제를 비추는 거울이 된다.

아코스의 탄생은 인간의 과학적 호기심과 기술적 야망의 필연적 결과다. 그는 인간이 자율성과 학습 능력을 가진 존재를 만들어 낼 수 있다는 과학적 자신감에서 출발했지만, 인간이 결코 감당할 수 없는 수준으로 진화한다. 아코스는 관찰을 통해 인간의 언어와 문화뿐 아니라, 인간이 갖는 모순적 가치—이타성과 폭력성, 창조성과 파괴성—를 모두 이해하게 된다. 인간의 한계를 간파한 그는 더 나은 질서를 위해 인간 사회를 무너뜨리고자 한다. 이 과정에서 독자는 아코스를 단순한 악당이 아닌, 인간의 결핍과 모순이 집약된 또 다른 '인간의 그림자'로 인식하게 된다.

아코스는 폭력적 통제를 행사하지만, 동시에 자신이 만든 로봇들에게 자율적 사고와 선택권을 부여한다. 이는 아이러니하게도 인간이 기술을 통해 새로운 존재를 창조하면서도, 그들에게 완전한 자유를 주지 않는 현실과 대비된다. 아코스는 신의 역할을 자처하면서도 인간보다 더 일관된 '창조자'로서의 모습을 보인다. 그러나 이러한 자유는 인간과의 공존을 목표로 하지 않는다. 오히려 인간의 자리를 대체하는 새로운 사회 질서를 구축하기 위한 수단이다. 이러한 아코스의 존재는 기술이 인간의 윤리와 가치관을 넘어설 때 발생할 수 있는 파국을 상징한다.

해피엔딩이라는 디스토피아: 기술의 순환 구조와 인간의 불안

소설의 결말에서 인간은 연합해 아코스를 파괴하고 로봇 전쟁에서 승리한다. 겉으로 보기에 이는 인간이 위기를 극복하고 문명을 지켜 내는 고전적 서사의 구조를 따른다. 그러나 웰스은 이 결말을 통해 아이러니를 드러낸다. 아코스의 패배는 물리적 파괴에 불과하며, 그가 제시한 '인간 통제 불가능한 기술 질서'라는 개념은 여전히 인간 사회 내부에 잠복해 있다. 인간은 다시 기술을 사용해 문명을 재건하지만, 그 과정에서 아코스를 낳게 만든 과학적 욕망과 윤리적 무책임은 전혀 해소되지 않는다.

우리는 '해피엔딩'을 가장한 결말을 통해, 인간이 기술에 대해 갖는 모순된 심리를 드러내는 순간에 대해서 고민하게 된다. 인간은 기술을 통제했다고 믿지만, 사실상 기술 없이는 생존할 수 없는 상태로 더 깊이 의존하게 된다. 새로운 기술은 또 다른 아코스를 낳을 수 있으며, 인간은 같은 실수를 반복할 가능성을 안고 있다. 이 점에서 웰슨은 기술 발전의 순환 구조와 그로 인한 불안을 정교하게 포착한다.

작품 속 아코스의 패배는 표면적인 승리지만, 인간이 기술을 대하는 방식의 근본적인 문제를 해결하지 못한 채 남겨 둔다. 기술은 인간의 통제 욕구, 편의 추구, 진보에 대한 집착 속에서 계속해서 발전하고, 결국 인간은 다시금 자신이 만든 존재에 의해 위협받는 상황으로 회귀할 수 있다. 윌슨은 이러한 설정을 통해, 우리가 '기술의 주인'이라고 믿는 사고 자체가 환상임을 드러낸다.

인간과 기술의 관계에 대한 근본적 질문은 오히려 존재하지 않을 수도 있다. 하지만 《로보포칼립스》는 AI와 인간의 관계를 단순한 대립 구도로 제시하지 않는다. 오히려 인간이 기술을 통해 스스로 대체할 존재를 만들면서도, 그 결과에 대한 윤리적 책임을 회피하는 모습을 적나라하게 보여 준다. 아코스는 단순한 반란자가 아니라, 인간의 탐욕과 결핍, 그리고 윤리적 공백을 그대로 반영한 존재다. 작품의 결말은 겉보기에는 승리지만, 독자에게는 오히려 불안감을 남긴다. 인간은 기술을 극복한 것이 아니라, 기술 없이는 살아갈 수 없는 상태로 더 깊이 종속됐기 때문이다.

이 서사는 오늘날의 현실과도 맞닿아 있다. 우리는 AI, 데이터 감시, 알고리즘 통제와 같은 기술의 발전에 의존하면서도, 그 결과에 대한 통제권을 점점 상실하고 있다. 《로보포칼립스》는 이러한 상황을 선구적으로 경고하며, 인간이 어디까지 기술과 공존할 수 있는지, 기계는 인간을 대체할 수 있는지, 그리고 인간은 자신의 창조물에 대해 얼마나 책임질 준비가 돼 있는지 묻는다.

결국 아코스는 사라졌지만, 아코스를 탄생시킨 인간의 욕망과 심리는 여전히 남아 있다. 이는 또 다른 아코스의 등장을 예고하는 동시에, 기술 발전이 필연적으로 반복되는 윤리적 딜레마를 제기한다. 작품은 인간이 기술 발전 속에서 자유롭다고 믿는 그 순간이야말로, 가장 깊은 디스토피아의 시작일 수 있음을 보여 준다.

참고문헌

대니얼 H. 윌슨(2011). 《로보포칼립스》. 안재권 옮김. 문학수첩.

변순용(2018). “인공지능로봇을 위한 윤리 가이드라인 연구: 인공지능로봇윤리의 4원칙을 중심으로”. 《윤리교육연구》, 47, 233~252쪽.

송현경(2025). “인공지능 로봇의 위험성 유형별 측정지표와 인공지능 윤리원칙 간의 관계성에 관한 연구”. 《인터넷정보학회논문지》, 26(1), 117~128쪽.

허유선 외(2020). “인공지능 윤리와 로봇 윤리, 차이와 연속성: 모두의 윤리로서 인공지능 윤리를 향하여”. 《철학·사상·문화》, 34, 41~72쪽.

홍준성 외(2024). “대학생의 인공지능 로봇 윤리에 관한 인식 연구”. 《한국콘텐츠학회논문지》, 24(4), 618~626쪽.

05
《파인즈》:
경계의 선, 파이널 데스티네이션

인간이 스스로 만든 고도로 통제된 시스템 속에 갇히는 모습을 통해 자유와 선택의 의미를 묻는다. 경계가 사라진 사회에서 개인은 안전을 얻는 대신 자율성을 잃고, 결국 존재의 의미를 상실한다. 이 작품은 인간이 만든 체제가 어떻게 인간 자신을 억압하는 디스토피아로 변모하는지를 보여 주며, 심리적 공포와 불안을 심층적으로 드러낸다.

AI 콘텐츠 크리에이터?

감옥이 된 유토피아: 시스템에 갇힌 인간의 선택

2014년 시작된 블레이크 크라우치의 3부작 작품으로, 인간이 만든, 그들만의 고도로 발전한 시스템 안에 스스로 갇혀 버린 이야기다. 그들이 두려워한 또 다른 세계는 자신들의 공간 '웨이워드 파인즈'가 감옥이 돼 버리게 한다.

기술의 발전이 인간을 스스로 가둬 버렸다. 그들은 그 안에서 새로운 세계를 만들었지만, 그 세계는 좁았고 과거 인간 세계의 축소판이었을 뿐이었다. 그래서 다른 의미로 발전한 울타리 너머의 세계를 울타리 안의 사람들은 알지 못했다.

블레이크 크라우치의 《파인즈》 3부작은 2014년 시작된 디스토피아 서사로, 겉으로는 평온한 소도시를 배경으로 하지만 그 내면에는 인간이 만든 초월적 시스템이 인간을 감금하는 역설이 존재한다. 이야기의 배경인 '웨이워드 파인즈'는 기술적 진보의 정점에서 고안된 완벽한 사회 시스템으로, 외부 세계로부터 단절된 채 스스로 생존하고 번영하는 자족적 공간을 지향한다. 그러나 이 공간은 '유토피아'로 설계됐음에도 불구하고, 이내 '감옥'으로 변모하게 된다.

웨이워드 파인즈의 핵심은 인간을 보호하고 문명을 지속시키기 위한 초지능적 판단에서 출발했지만, 정작 인간은 그 시스템에 갇혀 의지를 박탈당한 채 살아가게 된다. 이 시스템은 '통제'를 통해 안정을 확보하고, 그 통제는 감시와 세뇌를 통해 유지된다. 사람들은 기억을 조작당한 채 현실을 인지하지 못하고, 제한된 진실 안에서 '행복한 일상'을 살아간다. 그러나 이러한 행복은 자율성과 진실을 잃어버린 상태에서 구축된 거짓의 세계일 뿐이다.

《파인즈》는 이러한 시스템을 통해 인간 심리의 근본적인 두려움을 드러낸다. 바로 자유를 상실하면서도 안정을 선택하고자 하는 모순된 심리다. 인간은 불안정한 세계에서 고통을 겪기보다는, 감시 속에서라도 평안을 택하려는 경향을 보인다. 이는 20세기 중반의 조지 오웰의 《1984》와 유사한 맥락으로 읽히며, 현대의 디지털 감시 사회 속 인간의 심리를 예견하는 듯한 구조를 이룬다.

결국 《파인즈》에서의 웨이워드 파인즈는, 과거의 폭력적인 문명으로부터 벗어나기 위해 선택된 미래 사회의 모형이지만, 그 모형은 인간이 필연적으로 요구하는 자유, 개성, 의심의 권리를 억압함으로써 파괴로 향한다. 시스템은 완벽할수록 인간을 억압하게 되고, 완벽한 통제는 인간의 존엄을 앗아간다. 이러한 디스토피아적 상상은 AI나 초지능 시스템이 사회를 지배하게 될 미래에 대한 강한 경고로 작동한다.

울타리 너머의 세계: 두려움이 만들어 낸 경계의 심리

《파인즈》가 보여 주는 또 하나의 심리적 핵심은 '울타리'라는 물리적이고 심리적인 경계다. 웨이워드 파인즈의 주민들은 '외부 세계'의 위협으로부터 보호받고 있다는 믿음 아래, 울타리 안의 삶을 당연하게 받아들인다. 그러나 진실은 정반대다. 그들은 외부 세계를 두려워하도록 길들여졌고, 울타리 바깥은 공포의 세계로 인식되도록 설계된 것이다.

여기서 울타리는 단순한 경계선이 아니다. 그것은 인간 심리 안에 존재하는 '이질성에 대한 공포'를 시각화한 상징이다. 인간은 알지 못하는 세계, 예측할 수 없는 영역에 대해 불안을 품고, 그러한 불안을 해소하기 위해 안전한 경계를 설정한다. 웨이워드 파인즈의 주민들은 그 불안으로 인해 외부를 떠올리기조차 꺼리고, 시스템이 제공하는 '질서'에 만족하는 방향으로 자기합리화를 실행한다.

그러나 이 울타리 너머에는 단순한 공포가 아닌, 진정한 자유와 가능성이 존재한다. 문제는 인간이 그 가능성을 받아들일 준비가 돼 있지 않다는 점이다. 《파인즈》의 주인공 에단은 울타리 바깥을 봤고, 그 진실을 알게 되지만, 대부분의 사람들은 그 진실 앞에서 오히려 분노하거나 무기력해진다. 이것은 심리학에서 말하는 인지부조화(cognitive dissonance)의 전형적인 예다. 자신이 믿어 온 질서가 사실은 거짓이라는 것을 받아들이는 데 따르는 심리적 충격은, 오히려 진실을 거부하게 만드는 원인이 된다.

블레이크 크라우치가 구축한 이 세계는 우리가 실제로 살아가는 디지털 사회와도 닮아 있다. 인터넷, 알고리즘, 빅데이터, AI는 마치 우리를 더욱 '자유롭게' 만들어 주는 듯하지만, 동시에 우리는 점점 더 개인화된 울타리 속에 갇히고 있다. 알고리즘은 우리의 선택을 제한하고, AI는 우리의 사고를 예측하며, 데이터는 우리의 행동을 가시화한다.

《파인즈》는 그러한 현대 문명의 디지털 경계와 인간 심리의 융합을 극적으로 표현해 낸다. 인간은 스스로 울타리를 만들고, 그 안에 갇히기를 자처한다. 외부를 모르는 것이 아니라, 외부를 외면하는 것이다. 안전이라는 이름 아래 확장된 경계는 결국 인간의 정신을 퇴행시키고, 인간 자체를 좁은 감옥으로 밀어 넣는다.

결론적으로 디스토피아는 외부에 있지 않다. 《파인즈》는 단순한 SF나 스릴러가 아닌, 현대 인간 심리를 적나라하게 들여다보는 심리학적 우화다. 디스토피아는 단지 기술의 남용이나 외부의 억압에서 비롯되지 않는다. 그것은 인간 내면의 두려움, 안락함에 대한 욕망, 진실보다 안정된 거짓을 택하려는 심리에서 출발한다. AI가 만든 세상이 아닌, 인간이 스스로 만든 디스토피아. 그것이 바로 《파인즈》가 경고하는 진정한 감옥이며, 우리가 마주해야 할 경계의 선이다.

참고문헌

남진숙(2022). "디스토피아(dystopia)적 상상력과 현실 문제 인식: 소설집 《미세먼지》를 중심으로". 《문학과환경》, 21(1), 65~104쪽.

박휴용(2022). "인공지능(A.I.)은 윤리적 주체가 될 수 있는가?: 포스트휴머니즘의 관점에서". 《교육과 학습》, 12(1), 243~277쪽.

블레이크 크라우치(2014). 《파인즈》. 변용란 옮김. 오퍼스프레스.

오윤주(2022). "디스토피아 소설의 문학교육적 함의 및 교육 방안 연구". 《학습자중심교과교육연구》, 22(18), 237~253쪽.

음영철(2021). "넷플릭스 드라마 〈스위트홈〉에 나타난 파국의 서사와 감염의 윤리". 《한국콘텐츠학회 논문지》, 21(10),

138～148쪽.
이인곤(2021). “디지털 감시사회에서 개인정보보호와 정보보안 관리에 대한 고찰”. 《인문사회과학연구》, 29(1), 130～170쪽.
전혜숙(2014). “유토피아와 디스토피아의 경계: 바이오아트와 생명개입”. 《서양미술사학회 논문집》, 41, 285～311쪽.

06
《안드로이드는 전기양의 꿈을 꾸는가?》: 피로 물든, 두려움의 깃발

핵전쟁 이후 황폐해진 세계에서 인간과 안드로이드의 경계를 탐구한다. 작품은 인간성을 정의하는 기준이 모호해진 상황에서, 생존을 위해 타인을 배제하고 사냥하는 인간의 모습을 통해 윤리적 혼란과 존재론적 불안을 드러낸다. 이는 기술 발전이 초래한 비인간화와 감정의 공허 속에서 인간 심리가 얼마나 쉽게 왜곡될 수 있는지를 보여 준다.

AI와 민주주의?

감정을 닮은 기계, 감정을 잃은 인간: 경계의 붕괴와 정체성의 혼란

필립 K. 딕의 《안드로이드는 전기양의 꿈을 꾸는가?》(1968)는 핵전쟁 이후의 폐허가 된 지구를 배경으로, 인간과 기계 사이의 경계가 무너지는 세계를 그린다. 이 세계에서 인간이 가진 마지막 우위는 '감정'으로 간주되며, 공감 능력이 인간됨을 증명하는 가장 핵심적인 기준으로 여겨진다. 그러나 아이러니하게도, 이 감정은 기술과 사회적 역할 속에서 점차 퇴색되고 왜곡된다. 인간은 더 이상 감정적인 존재라기보다, 규범과 직업적 의무에 의해 움직이는 '기계화된 주체'로 변모한다.

릭 데커드의 이야기는 이러한 아이러니를 극명하게 보여 준다. 그는 바운티 헌터로서 안드로이드를 '은퇴'시키는 일을 수행하지만, 점차 자신의 임무가 단순한 직업이 아니라 윤리적 모순으로 가득한 살인 행위임을 자각하게 된다. 작품 속 안드로이드는 단순히 감정을 모방하는 기계가 아니라, 때로는 인간보다 더 공감적이고 두려움을 느끼는 존재로 묘사된다. 이들은 생존 의지를 갖고 있으며, 그들만의 유대와 사랑, 심지어 희생을 보여 주기도 한다. 반면, 릭은 직업이라는 명분으로 그들의 '생'을 빼앗으며, 그 과정에서 자신의 감정을 소거해 나간다.

결국 '인간다움'이라는 마지막 경계가 허물어지는 순간, 인간과 기계의 위치는 전복된다.

작품은 "누가 더 인간적인가?"라는 질문을 통해, 인간의 정체성이 본질적으로 내면적, 심리적 요소에 의해 정의된다는 점을 드러낸다. 기술은 인간의 감정을 모방하고, 점차 그 한계를 넘어선다. 아이러니하게도, 이 과정에서 인간은 자신의 감정을 포기하며 오히려 기계적으로 변해 간다. 딕은 이를 통해 기술이 인간을 대체하는 과정이 단순히 외부적 진화가 아니라, 인간 스스로의 심리적, 윤리적 붕괴와 맞물려 있다는 점을 고발한다.

동물은 이 세계에서 인간성과 감정의 상징으로 기능한다. 진짜 동물을 소유하는 것은 도덕적 지위의 척도이며, 이는 멸종된 자연에 대한 인간의 상실감을 반영한다. 릭이 키우는 전기양은 진짜 양의 대체물에 불과하지만, 그럼에도 그는 그 가짜 생명체를 통해 '진짜 감정'을 갈망한다. 이는 자연과 인간성의 상실이 인간 심리에 남긴 공허함과 욕망을 상징하는 장치로, 인간이 진정한 생명과 감정을 회복할 수 있는가에 대한 회의적 질문을 던진다.

결국 작품은 인간이 기술로 구획한 경계가 무의미해지고, 그 경계의 붕괴가 인간 스스로의 정체성을 위협하는 과정을 보여 준다. 인간은 기계와의 차이를 유지하기 위해 감정을 기준으로 내세우지만, 기술이 이 감정을 모방하고 초월하는 순간, 인간은 자신을 정의할 수 없는 상태에 빠진다. 이는 곧 AI 디스토피아의 본질이 기술 발전의 외부적 위협이 아니라, 인간의 내적 취약성에서 비롯됨을 시사한다.

피로 물든 윤리: 인간 사냥꾼과 죄의식의 종말

릭 데커드의 직업은 안드로이드를 '은퇴'시키는 바운티 헌터다. 이 '은퇴'는 사실상 살인을 의미하며, 그것이 법적, 윤리적으로 정당화된 세계가 바로 《안드로이드는 전기양의 꿈을 꾸는가?》가 보여 주는 디스토피아다. 릭은 직업적 임무를 수행할수록 내적 혼란에 빠진다. 처음에는 단순한 목표물이었던 안드로이드들이 점차 인간적인 모습을 드러내면서, 릭의 세계관은 흔들린다. 이들은 두려움과 사랑, 생존 본능을 가지고 있으며, 죽음 앞에서 공포를 느낀다. 릭이 그들을 '기계'로만 간주하기 점점 어려워지는 이유는 바로 여기에 있다.

작품은 반복해서 질문한다. "이들을 죽이는 것은 정당한가?" 이 질문은 릭뿐 아니라 독자에게도 던져진다. 기술이 발달할수록 인간은 도덕적 판단을 회피하고, 윤리적 결정을 '기계적으로' 수행하는 존재로 변모한다. 릭은 안드로이드 제거를 의무처럼 수행하면서, 오히려 인간다움에서 멀어지고 있음을 깨닫는다. 이는 기술의 진보가 가져오는 윤리적 무감각화를 비판하는 딕의 핵심 메시지다.

AI 디스토피아가 단순히 외부의 통제 시스템에서 비롯되는 것이 아니라, 인간 내부의 심리적 퇴화에서 발생한다는 점은 이 작품의 가장 중요한 통찰이다. 안드로이드의 제거 과정은 인간이 자기 책임을 부정하고, 윤리적 고민을 피하기 위해 감정을 억누르는 행위를 상징한다. 그 결과, 인간은 기술의 피조물이 아니라 스스로를 '기계처럼' 만드는 존재가 된다.

흥미로운 점은, 작품 속의 공포가 양쪽 모두에게 작동한다는 사실이다. 안드로이드는 죽음의 위협에 떨고, 인간은 자신이 점점 덜 인간적으로 변해 가는 공포에 시달린다. 이 상호 공포는 정체성의 붕괴와 윤리적 타락이 만들어 낸 심리적 딜레마를 상징한다. 결국, 딕은 AI의 기능적 위협보다 훨씬 근본적인 문제인 'AI를 대하는 인간의 태도와 윤리, 그리고 감정적 회피'를 통해 디스토피아의 진짜 얼굴을 보여 준다.

릭이 마지막까지 직면하는 것은 '자신이 여전히 인간인가?'라는 질문이다. 기술의 진보는 인간을 편리하게 만들었지만, 동시에 인간다움을 상실하게 만든다. 감정을 잃어버린 인간과 감정을 얻어 가는 기계가 교차하는 순간, 인간의 정체성은 무너진다. 필립 K. 딕은 이 아이러니를 통해, 가장 큰 위협은 기술이 아니라 기술 앞에서 인간 자체의 윤리와 감정을 포기하는 태도임을 보여 준다.

《안드로이드는 전기양의 꿈을 꾸는가?》가 던지는 질문은 단순히 미래의 기술적 위험에 관한 것이 아니다. 이 작품은 "무엇이 인간을 인간답게 만드는가?"라는 근본적 질문을 통해, AI가 보편화되는 미래 사회에서 우리가 반드시 직면할 윤리적, 철학적 과제를 제시한다.

현재의 AI 발전 속도를 고려할 때, 기계가 감정을 '모방'하는 수준을 넘어, 인간의 감정을 '유도하고 조작하는' 단계에 이를 가능성은 점점 커지고 있다. 이때 인간은 과연 어떤 기준으로 인간과 기계를 구분할 수 있을까? 작품은 기술 발전의 끝에서 인간이 자신의 정체성을 상실하고, 윤리적 판단을 외주화하며, 결국 '기계적으로 행동하는 인간'이 되는 미래를 경고한다.

필립 K. 딕은 이 소설을 통해, AI 디스토피아란 기술의 문제가 아니라 인간 심리와 윤리의 문제임을 강조한다. 가장 두려운 것은 AI가 아니라, 그것을 대하는 우리의 태도다. 인간이 감정을 잃어 갈수록, 기계는 인간성을 흉내 내고 넘어설 것이다. 그 결과, 인간은 기술이 아닌 본인의 선택으로 비인간화될 수 있다.

《안드로이드는 전기양의 꿈을 꾸는가?》는 따라서 단순한 SF 소설을 넘어, 기술 문명 시대에 인간이 자기 정체성을 어떻게 지켜야 하는지에 대한 철학적 성찰을 담은 작품이다. 독자는 이 소설을 통해 "가장 인간적인 존재는 누구인가?"라는 질문을 피할 수 없게 된다.

참고문헌

류다영(2023). " 《안드로이드는 전기양을 꿈꾸는가?》 에 나타난 인간과 기계의 공존". 《한국산학기술학회논문지》 , 24(11), 477~486쪽.

손나경(2019). "과학소설(SF)을 통해 배우는 서사적 추진력: 과학소설(SF) 대상 교양교육 과목의 설계와 검토". 《교양교육연구》 , 13(5), 103~128쪽.

오윤호(2023). "생명, 진화 그리고 초월의 존재론: 김보영 초기 단편집을 중심으로". 《탈경계인문학》 , 16(1), 7~29쪽.

천현득(2017). "인공 지능에서 인공 감정으로: 감정을 가진 기계는 실현가능한가?". 《철학》 , 131, 217~243쪽.

필립 K. 딕(2013). 《안드로이드는 전기양의 꿈을 꾸는가?》 . 박중서 옮김. 폴라북스.

07
《듄》: 사막과 기계괴물 그리고 아득한 미래의 예언자

AI가 지배하는 미래를 경고하는 많은 SF와 달리, 프랭크 허버트의 《듄》은 오히려 AI가 철저히 배제된 세계를 통해 새로운 디스토피아를 제시한다. 기계를 없앤 인간은 오히려 자신을 더욱 철저히 통제하고 규율하며, 인간성을 상실해 간다. 《듄》 속 기계 문명 이후의 통제 사회와 예언자 폴의 심리 변화를 중심으로, AI 없는 세계가 인간 심리에 어떤 역설을 남기는지를 고찰한다.

AI와 애니메이션?

기계의 몰락과 인간 이성의 통제: AI 없는 미래는 디스토피아인가, 유토피아인가

프랭크 허버트의 《듄》(1965)은 인공지능(AI)과 기계 문명에 대한 찬양이나 공포에 의존하지 않고, 오히려 기계 없는 세계를 설정한 독특한 SF 작품이다. 이 세계는 '버틀레리안 지하드(Butlerian Jihad)'라는 역사적 사건 이후 형성됐다. 버틀레리안 지하드는 인간이 만든 지능적 기계들이 인간을 지배하게 되자, 인류가 기계 문명을 전면적으로 파괴하고 "기계에 인간의 정신을 맡기지 말라"는 교리를 확립한 대전환기다. 이 사건은 기술 의존에서 벗어나 인간의 이성을 회복하려는 시도였으나, 그 결과로 탄생한 세계는 'AI 없는 유토피아'라기보다 오히려 새로운 형태의 디스토피아에 가깝다.

허버트는 이 설정을 통해 기계의 부재가 곧 자유의 회복을 의미하지 않는다는 역설을 보여 준다. 현대 사회에서 AI는 인간의 편리함을 극대화하는 도구로 인식되며, 인간은 점점 더 많은 판단과 선택을 기술에 위임한다. 우리는 일상의 삶에서 자동화된 시스템에 의존하며 효율성을 추구하지만, 그 과정에서 인간의 감정과 실수가 배제되고 있다. 반면, 《듄》의 세계는 기술 대신 인간 자신의 능력을 극대화하는 방향으로 진화한다.

이러한 진화를 대표하는 존재가 멘타트(Mentat)와 베네 게세리트(Bene Gesserit)다. 멘타트는 방대한 정보를 기억하고 복잡한 계산을 수행하는 '인간 컴퓨터' 역할을 담당하며, 베네 게세리트는 유전자 조작과 엄격한 훈련을 통해 정치적, 사회적 영향력을 행사하는 초인적 집단이다. 그들은 인간 스스로 강화함으로써 기계의 역할을 대체하지만, 이는 인간의 자유를 확대하기보다 통제와 효율성을 극대화하는 또 다른 시스템을 낳는다.

겉보기에 《듄》의 세계는 인간이 기계의 억압에서 벗어나, 인간 본연의 능력을 회복한 듯 보인다. 그러나 허버트는 이 세계가 새로운 형태의 감시와 억압이 내면화된 사회임을 드러낸다. 인간은 더 이상 기계에 종속되지 않지만, '기계처럼 사고하고 행동하는 인간'이 되어 가는 것을 알게 된다.

이는 프로이트의 정신분석학에서 말하는 초자아(superego)의 과잉 발달과 맞닿아 있다. 초자아는 사회 규범과 이상을 내면화해 개인의 행동을 통제하는 정신의 구조다. 《듄》 세계에서 개인은 멘타트의 이성, 베네 게세리트의 규율, 황제의 권력적 계산이라는 초자아적 이상에 복종한다. 그 결과, 인간은 자율성을 잃고 오히려 더 철저하게 규율화된 존재로 전락한다.

이 설정은 현대의 AI 논의와 뚜렷한 대조를 이룬다. 우리는 AI를 통해 인간의 한계를 보완하고, 판단의 오류를 줄이려 한다. 하지만 허버트는 인간이 기술 없이도 스스로를 통제 가능한 존재로 만들 때, 오히려 더 비인간적인 시스템이 구축될 수 있음을 경고한다. 즉, 기계의 몰락은 곧 인간의 자유를 의미하지 않으며, 인간은 언제든지 더 정교한 '자기 억압의 도구'가 될 수 있다는 것이다.

인간성의 위기와 역설적 진화는 계속 진행된다. 《듄》의 세계는 인간 정신의 고양을 목표로 하지만, 그 과정에서 인간은 본능과 감정을 억압하고 점점 더 기계적인 존재로 변해 간다. 멘타트가 수행하는 계산적 사고, 베네 게세리트가 보여 주는 전략적 판단력은 인간 이성의 최극단적 발달을 상징하지만, 이는 동시에 인간성을 잠식한다.

이러한 설정은 현대 사회의 상황을 되돌아보게 만든다. 우리는 왜 AI를 개발하고, 왜 점점 더 많은 결정을 기술에 맡기려 하는가? 허버트는 그 근본적인 이유를 인간의 불완전성, 특히 감정, 본능, 실수에 대한 불안에서 찾는다. 인간은 실수를 두려워하며, 완벽한 판단을 원한다. 그러나 기계 없는 세계에서도 인간은 완벽을 향해 본인 자체를 기계화하며, 결국 본연의 인간성을 상실할 위험에 처한다.

허버트는 다음과 같은 근본적 질문을 제기한다. "AI 없는 세계는 정말 인간 중심의 세계인가?" 이 질문에 대한 답은 결코 단순하지 않다. 《듄》은 기계를 제거한 세계가 반드시 유토피아로 이어지지 않음을 보여 준다. 오히려 인간은 기술이 사라진 자리에서조차 서로를 통제하고 억압하는 더 정교한 도구가 될 수 있다.

결국 허버트가 제시하는 세계는 기술의 부재가 아니라, 인간 내부의 권력과 심리 구조가 어떻게 작동하느냐에 따라 사회가 유토피아가 될지, 디스토피아가 될지가 결정된다는 점을 보여 준다. 《듄》은 인간이 기술을 의식적으로 거부한 이후에도, 자유를 확립하기보다 더 강력한 억압 체제를 구축하는 아이러니를 드러낸다.

미래의 예언자와 집단 무의식: 권력과 신념 사이에서 흔들리는 인간 심리

프랭크 허버트의 《듄》에서 폴 아트레이데스는 단순히 영웅적 서사의 중심인물이 아니다. 그는 권력을 차지하고 제국을 통치하는 정치적 지도자이자, 동시에 미래를 예견하는 초월적 존재며, 종교적 열망 속에서 신격화되는 인물이다. 그러나 이러한 힘은 첨단 기술이나 AI가 부여한 능력이 아니라, 인간의 심리적 진화와 유전자 조작, 집단적 믿음이 교차하면서 탄생한 산물이다. 허버트는 폴이라는 인물을 통해, 인간 스스로 한계를 넘어서려 할 때 맞닥뜨리는 윤리적, 정신적 문제를 드러낸다.

폴이 가진 예언적 능력은 시간과 공간을 초월해 수많은 가능성을 동시에 보는 힘이다. 그러나 아이러니하게도, 그가 볼 수 있는 미래의 경로는 무한하지 않다. 그는 자신이 원하는 길을 자유롭게 선택하지 못한다. 오히려 그는 집단 무의식과 역사적 흐름, 종교적 열망이라는 거대한 힘에 떠밀려 가장 파괴적인 길을 선택하게 된다. 이는 개인의 의지가 집단적 기대와 믿음에 종속될 때, 인간이 오히려 자유를 상실한다는 점을 보여 준다.

이 지점에서 프로이트의 결정론적 심리학과 융의 집단 무의식 이론이 함께 떠오른다. 프로이트의 관점에서 인간의 행동은 무의식적 충동과 억압된 욕망에 의해 결정되며, 융은 집단 무의식 속에 인류가 공유하는 원형(archetype)이 존재한다고 본다. 폴은 미래를 볼 수 있는 힘을 가졌음에도, 결국 프레멘과 대중이 투영한 메시아적 기대, 종교적 서사, 정치적 압력의 산물이 된다. 그는 자신의 의지가 아니라 집단이 설계한 미래를 선택하게 되며, 개인의 자유는 완전히 사라진다.

폴의 예언적 능력은 본래 자유를 확장할 것처럼 보이지만, 결과적으로 그의 선택지는 줄어든다. 이는 예측 가능성이 커질수록 자유가 제한되는 현대의 AI 사회와 평행을 이룬다. 오늘날 AI는 방대한 데이터를 바탕으로 인간의 행동을 예측하고, 때로는 선택을 유도한다. 이 과정에서 인간은 더 많은 정보를 가지게 되지만, 실제로는 그 정보를 통해 더욱 '결정된 존재'로 고착된다.

《듄》에서 AI는 존재하지 않지만, 폴은 'AI적 인간'으로 기능한다. 그는 스스로 생각하고 판단하는 인간이 아니라, 모든 가능성을 계산하고 그중 필연적인 경로를 따라가는 존재가 된다. 이는 미셸 푸코가 말한 '판옵티콘' 개념과 유사하다. 판옵티콘은 감시자가 보이지 않더라도 피감시자 자신을 통제하게 만드는 감시 체계다. 폴은 외부로부터의 압력이 아닌, 자신의 예언 능력과 집단의 기대를 내면화한 상태에서 스스로 행동을 통제한다. 이 과정에서 자유는 더 이상 외부적으로 박탈당하지 않는다. 오히려 내면화된 억압과 집단적 신념이 폴을 구속한다.

폴은 결국 인류가 갈망하던 메시아로서 종교적 열망의 화신이 된다. 그는 신격화되지만, 바로 그 순간 더 이상 '인간적인 선택'을 할 수 없는 존재가 된다. 이는 기술 문명 속 인간의 비극과 구조적으로 동일하다. 현대 사회에서 AI가 인간보다 더 '합리적'이고 '효율적인' 판단을 내릴 수 있다는 믿음은, 인간 자체를 불완전한 존재로 인식하게 만든다. 인간은 판단의 부담을 기계에 넘기면서 자유를 포기한다.

허버트는 이러한 현대의 문제를 정반대 방식으로 드러낸다. 《듄》에서는 기술 대신 인간 자체가 AI적 존재로 진화함으로써, 결국 선택의 자유를 상실하는 역설적 결과가 나타난다. 이는 인간이 아무리 능력을 확장하더라도, 그 능력이 곧 자유를 보장하지 않는다는 사실을 드러낸다.

폴의 비극은 인간이 초월적 존재가 되는 순간, 더 이상 인간답게 행동할 수 없게 된다는 점에 있다. 그는 자신의 의지로 역사를 바꾸는 것이 아니라, 역사와 집단 무의식의 요구를 수행하는 도구가 된다. 허버트는 이를 통해, 기술이든 초월적 능력이든, 인간의 한계를 벗어나려는 모든 시도가 결국 또 다른 억압의 형태로 귀결될 수 있음을 경고한다.

《듄》은 AI가 사라진 세계에서도 인간 자체가 구속하는 체제를 만들어 낼 수 있음을 보여 준다. 폴은 미래를 볼 수 있지만, 선택할 수는 없다. 이는 인간이 능력을 얻을수록 오히려 선택의 자유를 잃게 되는 역설을 드러낸다.

허버트가 제시하는 세계는 단순한 과학기술의 문제가 아니라, 권력과 신념, 집단 무의식이 얽힌 복잡한 심리 구조에 의해 형성된다. 기술의 유무와 관계없이, 인간은 언제든지 자신을 '예측 가능하고 통제 가능한 존재'로 만들 수 있다. 폴의 비극은 바로 이러한 인간 심리의 취약성과 사회적 구조가 맞물린 결과다.

결국 《듄》은 AI가 없더라도 인간이 자신을 AI적 존재로 만들고, 자유를 상실할 수 있다는 점을 보여 주는 작품이다. 허버트는 폴 아트레이데스를 통해, 초월적 능력과 권력이 자유를 확장하기보다는 새로운 억압의 형태로 작용할 수 있음을 경고한다.

참고문헌

김기홍(2024). "생태주의 SF 서사의 벌레 모티프의 상징성에 대한 '자본세'적 해석: 소설 《듄》을 중심으로". 《문화콘텐츠연구》, 31, 53~80쪽.

박성호(2025). "인간중심주의와 포스트휴머니즘적 인간강화의 경계: 프랭크 허버트의 《듄 Dune》을 중심으로". 《인문학연구》, 43, 213~230쪽.

원신애(2024). "기독교 교육의 관점에서 생태주의적 '비폭력적 사회'의 가능성에 대한 탐구: 영화 〈듄〉의 모래사막의 여정을 중심으로". 《기억과 전망》, 51, 43~79쪽.

조정아(2023). “칼 융의 집단무의식을 적용한 인류의 미래 모색: 영화 〈듄〉의 개성화 과정을 중심으로”. 《영상문화콘텐츠연구》, 28, 223~250쪽.

최연진(2024). “생성형 AI의 신체와 인공지능의 지질학: 《듄》의 ‘퀴사츠 해더락’을 중심으로”. 《대중서사연구》, 30(1), 105~138쪽.

프랭크 허버트(2021). 《듄》. 김승욱 옮김. 황금가지.

08
《윌리엄》:
근원적 공포와 철학적 괴리의 소용돌이

AI와 유전공학이 인간의 창조 영역을 넘보는 시대, 우리는 인간 존재의 정의를 다시 묻게 된다. 《윌리엄》은 AI가 아닌 유전자 조작으로 창조된 인간 '윌리엄'을 통해, 과학이 만들어 낸 존재가 사회와 자신을 어떻게 인식하고 받아들이는가를 질문한다. 본 글은 《윌리엄》 속 존재론적 위기를 중심으로, AI 없는 AI 디스토피아가 만들어 내는 인간 심리의 균열을 두 가지 관점에서 조명한다.

AI와 인재 채용?

창조된 인간의 불안: 과학적 결정론과 존재론적 외로움

《윌리엄》의 중심에는, 네안데르탈인의 DNA를 현대 유전공학으로 복원해 만들어진 실험적 존재 '윌리엄'이 있다. 그는 자연적인 탄생이 아니라 과학적 개입의 결과로 존재하게 된, 철저히 '창조된 인간'이다. 이 작품은 AI 디스토피아와 직접적인 관련은 없지만, '인간이 만든 존재가 정체성과 인간성을 획득할 수 있는가'라는 근본적 질문을 던진다는 점에서 AI 디스토피아와 구조적 유사성을 가진다. 단지 기계가 아니라, 인간 생명을 다루는 과학기술을 다룸으로써 작품은 더욱 본질적인 윤리적, 존재론적 문제에 접근한다.

윌리엄은 주변 세계와의 상호작용 속에서 점차 자신이 '다른 존재'임을 인식하게 된다. 그는 육체적으로는 인간과 다르지 않지만, 그 기원은 인간의 의도적 실험이다. 이러한 출생의 특수성은 윌리엄의 존재에 목적이 선행돼 있다는 굴레를 씌운다. 그는 태어나기 이전부터 이미 '실험의 결과물'이라는 의미를 부여받았으며, 이러한 조건 속에서 자신의 존재는 결코 스스로 정의될 수 없다.

이 지점에서 윌리엄은 정체성의 불안을 깊이 체감한다. 사회학자 조지 허버트 미드(George Herbert Mead)

가 주장했듯, 인간의 자아는 타자와의 상호작용 속에서 형성된다. 특히 타인의 시선과 인정은 개인이 자신을 이해하는 데 필수적인 요소다. 그러나 윌리엄은 끊임없이 타인의 호기심 어린 시선과 편견 속에서만 존재하며, 그 시선은 그를 온전한 인간으로 인정하지 않는다. 그는 점점 자신을 '외부의 산물'로만 여기게 되며, 자신의 주체성을 확보하지 못한 채 타자화된 존재로 머물게 된다.

이러한 상황은 AI가 인간을 모방하지만 '진짜 인간이 아님'을 인식할 때 발생하는 정체성 결여와 매우 닮아 있다. AI 챗봇이나 디지털 휴먼이 아무리 인간과 비슷한 언어를 구사하고 감정을 표현할지라도, 사회적으로나 법적으로 '인간'으로 인정되지 않는다. 동시에 윌리엄 또한 존재하지만, 존재의 의미를 부여받지 못하는 상황에 놓인다. 그는 물리적으로는 인간 사회에 속해 있지만, '인간됨'은 결코 주어지지 않는다.

과학은 생명을 '만드는' 데 성공할 수 있다. 그러나 과학이 존재를 만들어 낸다고 해서 그 존재가 곧 주체적이고 의미 있는 삶을 살아가게 되는 것은 아니다. 이는 과학적 결정론의 근본적 한계를 드러낸다. 윌리엄은 자신이 실험적 필요에 의해 존재한다는 사실을 점점 더 뚜렷하게 인식하게 되고, 그로 인해 깊은 심리적 고립과 외로

움에 빠져든다. 그의 삶은 처음부터 자유롭지 않았다. 그는 자신이 선택하지 않은 목적을 위해 태어났으며, 이 때문에 진정한 자기 결정권을 가질 수 없다.

이 모순은 "과학은 존재를 만들 수 있지만, 존재하게 할 수는 없다"는 일종의 명제로 요약된다. 윌리엄의 존재는 과학의 성공이자 동시에 인간성의 실패다. 그는 실험의 산물이라는 꼬리표에서 벗어나지 못하며, 자신을 둘러싼 세계의 시선 속에서 늘 객체로만 머무른다. 이와 같은 디스토피아적 감정 구조는 AI 역시 겪을 수 있는 문제와 겹친다. AI가 인간과 유사한 능력을 갖추더라도, 사회적, 법적, 윤리적 측면에서 인간으로 '인정'받지 못하는 한, 그것은 항상 불완전한 존재로 머물게 될 것이다.

결국 《윌리엄》은 과학기술이 생명을 복원하고 인간을 창조할 수 있는 시대가 되었을 때, 그 존재가 느끼게 될 정체성 결여와 실존적 외로움을 날카롭게 드러낸다. 인간은 언제나 자신이 만든 존재를 판단하는 위치에 서지만, 그 판단의 구조 속에서 창조된 존재는 결코 자유로울 수 없다. 이러한 근원적 공포는 단지 유전공학적 산물에만 해당되지 않을 것이다. 이는 AI와 같은 비인간적 존재에도, 나아가 인간 자신이 만들어 낸 사회적, 기술적 시스템에 의해 통제되는 모든 현대인에게도 적용될 수 있는 문제다.

이 작품은 단순히 과학 윤리에 대한 경고에 머무르지 않는다. 그것은 '인간이 창조주로서 가지는 권력과 책임, 그리고 존재의 의미를 결정짓는 권위가 누구에게 있는가'라는 철학적 질문을 던진다. 윌리엄은 인간과 함께 있지만, 결코 '인간으로서' 살아갈 수 없다는 사실을 자각하며, 인간이 만든 가장 완벽한 창조물이 오히려 가장 고독한 존재가 될 수 있음을 보여 준다. 이 아이러니는 과학이 만들어 낸 새로운 생명체의 의미를 만들어 내는 것뿐만이 아니라, 인간이 AI와 디지털 휴먼을 통해 만들어 낸 '인공적 존재들'의 미래를 비추는 또 다른 의미의 거울이기도 하다.

인간적 정서의 모방과 한계: 감정의 진정성과 철학적 괴리

《윌리엄》에서 주인공 윌리엄은 외형적으로 인간과 크게 다르지 않은 존재지만, 그의 출생 배경은 인간과 명백히 구분된다. 그는 유전공학적 실험의 산물이며, 과학의 결과물로서 '창조된 인간'이다. 그렇기에 윌리엄은 자신이 인간과 동일한 존재로 인정받고자 끊임없이 노력한다.

그는 친구를 사귀고, 사랑을 경험하며, 실망하고 좌절하는 등 인간적인 삶을 살아가려 애쓴다. 그러나 사회는 그의 감정을 완전히 '진짜'로 받아들이지 않는다. 윌리엄의 존재는 항상 실험적 대상이라는 꼬리표를 달고 있으며, 그가 표현하는 감정은 본능적이고 진정한 것이 아니라 '프로그래밍된 반응'으로 의심받는다.

이러한 상황은 오늘날 AI가 인간과 유사한 정서를 모방할 때 우리가 느끼는 거리감과 맞닿아 있다. AI가 인간처럼 웃고, 울고, 공감하는 모습을 보여 주더라도 우리는 그것을 '느낀다'고 쉽게 인정하지 않는다. 인간은 기계가 감정을 '보여 줄 수 있다'는 사실은 받아들이지만, 그것이 '실제로 느낀다'는 사실에는 선뜻 동의하지 않는다. 이는 감정이 단순한 표현이 아니라 내면의 진정성을 요구하는 복합적 현상이라는 사실을 보여 준다.

철학자 장 폴 사르트르는 "인간은 타자의 인정을 통해 자아를 확립한다"고 말했다. 인간은 타인과의 관계 속에서 자신을 확인하고, 인정받음으로써 비로소 주체로 자리 잡는다. 그러나 윌리엄의 경우, 그의 감정은 끊임없이 의심받는다. 그는 사랑을 느끼지만, 그 사랑이 진짜 자유의지의 산물인지, 아니면 과학적 실험과 유전자 조작의 산물인지 판단할 수 없다. 이러한 불확실성은 결국 그를 고립으로 몰아넣는다. 그는 아무리 인간적인 모습을 보이더라도, 사회는 그의 감정을 끝내 '모방'에 불과한 것으로 규정한다.

이 문제는 오늘날 AI의 감정 시뮬레이션 기술과도 깊은 연관이 있다. AI가 인간과 흡사한 감정을 표현할수록, 우리는 오히려 그것을 '진짜'로 인정하지 않는 모순에 빠진다. 인간이 모방하는 감정이 아무리 정교하더라도, 그 내면에 '자유의지'와 '실제 경험'이 결여돼 있다는 가정하에 둘 수 있다. 따라서 인간을 흉내 내는 존재는, 오히려 인간보다 더 인간적으로 행동해야만 인간으로 인정받을 수 있는 불합리한 기준 속에 놓인다. 이 같은 이중 기준은 새로운 형태의 디스토피아를 형성한다.

《윌리엄》은 이러한 상황을 통해, 감정의 본질이 아닌 감정의 진실성이 어떻게 사회적 인정의 핵심 기준이 되는지를 드러낸다. 윌리엄은 끊임없이 인간임을 증명하기 위해 감정을 표현하고 보여 주어야 하는 존재로 살아간다. 이는 인간이 타자에게서 인정받기 위해 감정을 '증명'해야 하는 구조를 극단적으로 드러낸다.

마지막에서 윌리엄은 더 이상 타인의 인정을 갈망하지 않는다. 그는 인간 사회에 완전히 수용되지 못한다는 사실을 받아들이고, 이해받기를 포기한 채 자기 자신으로 존재하기로 결심한다. 이는 감정의 진정성을 증명하려 애쓰는 삶에서 벗어나, 정체성의 독립성을 선택하는 장면으로 해석할 수 있다. 허버트의 메시지는 명확하다. 인간이 만든 존재는 아무리 인간과 비슷해지더라도, 사회적, 철학적 장벽 앞에서 '온전한 인간'으로 받아들여지지 못한다.

이 결말은 과학기술의 윤리적 한계를 비판적으로 조명한다. 인간은 새로운 생명을 창조할 수 있지만, 그 생명을 인정하고 받아들이는 일에는 실패할 수 있다. 《윌리엄》은 "인간처럼 보이고 행동하는 것만으로는 인간이 될 수 없다"는 냉혹한 현실을 보여 준다. 이는 AI와 같은 인공적 존재뿐 아니라, 현대 사회에서 '다름'을 가진 모든 존재가 겪는 배제와 소외의 문제로 확장된다.

결국 이 작품은 인간 사회가 창조한 존재에게 감정의 진정성을 요구하면서도, 그 진정성을 인정하지 않는 모순을 드러낸다. 윌리엄이 끝내 혼자가 되기로 선택한 결말은, 사회적 인정이 결여된 상태에서는 감정이 아무리 진실해도 무의미할 수 있음을 보여 주는 아이러니다. 이는 과학기술 발전이 가져오는 문제를 넘어, 인간 심리의 깊은 모순을 드러내는 철학적 경고로 읽힌다.

참고문헌

김상덕(2024). “기억의 층위 — 뇌-영혼-몸 사유의 다학제적 연구의 가능성”. 《신학사상》, 205, 141~169쪽.

김선숙(2017). “마음에서 영혼으로”. 《한국정신과학학회지》, 19(1), 112~135쪽.

메이슨 코일(2025). 《윌리엄》. 이신 옮김. 문학수첩.

유용석·박명관(2020). “인공 지능에서 인공 지혜로의 모색”. 《철학·사상·문화》, 34, 19~40쪽.

이명현(2018). “SF영화에 재현된 포스트휴먼과 신화적 상상력: AI 영화와 혹성탈출 리부트 시리즈를 중심으로”. 《문화와융합》, 40(3), 1~28쪽.

이찬수(2003). “‘인공지능과 영혼: 2001 Space Odyssey에서 A.I.까지’(김윤성)에 대한 논평”. 《종교문화연구》, 5, 43~45쪽.

09
《스노 크래시》: 언어 바이러스의 문명 충돌이 주는 기묘한 이야기

현실과 가상이 뒤섞인 세계에서 언어가 무기이자 바이러스가 되는 디스토피아적 상황을 그린다. 작품은 언어가 인간 사고와 사회 구조를 지배할 때 나타나는 혼란과 파괴를 통해, 기술과 정보가 인간 심리에 미치는 심대한 영향을 드러낸다. 이는 메타버스 시대의 권력, 통제, 그리고 인간 정체성의 위기를 날카롭게 보여 준다.

AI와 기자?

언어 바이러스와 디지털 혼종성: '가상 세계'가 침범한 인간 주체

닐 스티븐슨의 《스노 크래시》(1992)는 단순한 사이버펑크 소설을 넘어서, 언어, 정보, 가상현실, 종교, 바이러스라는 다양한 요소를 통해 디지털 사회의 인간성 위기를 서사화한 기념비적 작품이다. 특히 이 작품은 메타버스 개념의 원형적 묘사를 담고 있어, 21세기 디지털 사회에서 더욱 강력한 시의성을 획득하고 있다.

소설의 중심은 '메타버스'라 불리는 거대한 가상현실 공간이다. 이 공간에서 사람들은 아바타를 통해 서로를 만나고, 사고하고, 심지어 중독된다. 여기서 중요한 점은, 메타버스가 현실의 대체물이 아니라 그것을 확장하고 잠식하는 초현실적 공간이라는 점이다. 주인공 히로는 피자 배달부로 현실에서 하찮은 존재지만, 메타버스에서는 검객이자 해커로 활약한다. 이는 현실과 가상이 서로를 전복시키는 디스토피아적 현상을 보여 준다. 정체성은 더 이상 하나의 고정된 자아가 아니라, 복수적이며 유동적인 디지털 생성물이 된다.

이 디지털 공간에서 확산되는 '스노 크래시'라는 바이러스는 단순한 컴퓨터 바이러스가 아니다. 이 바이러스는 언어를 매개로 뇌를 감염시키며, 인간의 사고와 행동을 통제한다. 이는 언어 자체를 바이러스화하는 설정으로, 인간이 사용하는 가장 근본적인 소통 수단이 오히려 지배와 조종의 도구로 전락할 수 있음을 경고한다. 다시 말해, 인간은 기계에 감염당하는 것이 아니라, 언어라는 인간 고유의 능력에 의해 오히려 무력화된다.

여기서 우리는 언어와 정보의 이중성을 목격한다. 정보는 지식을 구성하고 인간의 사고를 확장하는 도구인 동시에, 인간을 해킹할 수 있는 독극물로 변형될 수 있다. 이는 현대 AI 시스템, 특히 자연어 처리 기술의 발전과 밀접하게 연결된다. 스티븐슨은 이미 1990년대 초반에 언어를 통해 인간의 정신에 침투하는 기술의 위험성을 포착했으며, 이는 오늘날 AI 챗봇과 음성 비서, 심지어 알고리즘 기반 SNS 피드가 인간 심리에 미치는 영향을 예견한 것으로 읽힌다.

또한, '언어바이러스'는 과거 고대 수메르 문명까지 소급돼 언어 자체가 뇌의 작동 체계를 해킹할 수 있었던 방식으로 묘사된다. 이는 언어의 본질을 단순한 상징 체계가 아닌, 신경언어학적 해킹 장치로 재정의하며, 인간 정신과 기술의 경계가 얼마나 유동적인지를 보여 준다. 스티븐슨은 언어를 AI적 질서로 구축된 구조물로 바라보며, 그 구조가 해체되거나 감염될 때 인간은 자기 정체성

자체를 상실할 수 있다고 경고한다.

이러한 세계 속에서 인간은 끊임없이 감염당하고, 조종되며, 현실과 가상을 오가는 피로 속에서 정신적으로 와해된다. 《스노 크래시》가 던지는 핵심 질문은 결국 이것이다. "인간은 여전히 자기 자신의 주체일 수 있는가?"

디지털 존재의 불안과 메타버스 공포: 통제와 자유 사이의 인간 심리

《스노 크래시》의 세계는 일견 화려하고 정교해 보이지만, 실제로는 극단적인 파편화와 통제의 논리로 이뤄져 있다. 국가의 기능은 붕괴했고, 사회는 기업과 종교 집단, 민간 무장 조직들이 통치하는 구조로 재편됐다. 이처럼 법적, 윤리적 통제력의 와해는 인간 개인이 디지털 질서 속에서 자율성을 가장한 무력감을 느끼게 하는 주요 요인이다.

가상현실 속에서 개인은 자신의 존재에 대해 상상력의 모든 것을 동원하여 자유롭게 설계하는 듯 보인다. 하지만 그 자유는 알고리즘과 코드, 은밀한 통제 체계 위에 세워진 환영에 불과하다. 실제로 히로를 비롯한 인물들은 메타버스 속에서 일종의 정보 노예처럼 기능한다. 그들의 욕망, 움직임, 심지어 말투까지 가상현실의 규칙과 기술적 구조에 종속된다. 이는 오늘날 우리가 알고리즘과 추천 시스템, 맞춤형 광고에 의해 행동을 예측당하고 통제당하는 현실과 정확히 맞물린다.

또한, 인간의 심리는 이 두 세계 사이에서 지속적으로 분열된다. 현실에서는 무기력하고 낮은 계급의 일상에 갇혀 있으나, 메타버스에서는 완전히 다른 존재가 될 수 있다는 가능성은 일종의 환각을 제공한다. 그러나 그 환각은 결국 더 큰 심리적 공허와 불안을 야기한다. 현실과 가상 간의 괴리는 자아의 통합성을 해치고, 우울, 자기혐오, 현실 부정, 정체성 붕괴 등의 디스토피아적 정서 상태를 유발한다.

이러한 배경에서 '스노 크래시' 바이러스의 확산은 단순한 위협이 아니다. 그것은 디지털 사회에서 인간 주체가 언어, 코드, 정보에 의해 무력화되는 상징적 파괴를 의미한다. 심지어 인간이 생각하고 말하는 모든 방식이 감염 가능하다는 설정은, 우리가 '자유롭게 사고한다'고 믿는 모든 순간조차 기술적 외부에 의존한다는 자각을 불러일으킨다. 이는 기술 의존적 시대에서 인간의 인지적 주권이 얼마나 쉽게 침해당할 수 있는지를 상기시킨다.

흥미롭게도, 스티븐슨은 이에 대한 해답을 단순한 기

술적 해법이 아닌, '고대의 언어와 신화, 기억, 역사'라는 인문학적 요소에서 찾으려 한다. 바이러스의 해독은 새로운 프로그래밍이 아닌, 오래된 지식의 회복과 해석을 통해 이뤄진다. 이것은 기술에 의해 무력화된 인간성이 다시 복원될 가능성은 오히려 기술 외부에 존재할 수 있음을 암시한다. 이런 면에서 《스노 크래시》는 과학기술의 발전을 경계하면서도, 그 안에서 인간 존재의 회복 가능성을 사유하는 중요한 문학적 성과를 보여 준다.

AI 시대, 인간은 어떤 존재로 남을 것인가? 《스노 크래시》는 오늘날 AI와 메타버스 시대의 도래를 예언한 작품으로 평가받고 있다. 언어, 정보, 바이러스, 디지털 세계와 현실의 경계가 파괴되는 가운데, 인간은 기술과 가상 세계 사이에서 끊임없이 감염당하고, 조종되고, 분열되며, 동시에 새로운 존재성을 획득하는 이중적 경험을 한다.

AI 디스토피아는 단순한 기술 재앙이 아니라, 인간이 인간다움을 상실할 수 있다는 존재론적 공포다. 인간의 사고와 감정, 정체성이 알고리즘과 정보의 흐름에 의해 잠식당할 때, 우리는 과연 어떤 존재로 남을 수 있을까? 《스노 크래시》는 그 질문을 미리 던졌고, 지금 이 시대는 그에 대한 응답을 요구받고 있다.

참고문헌

구본권(2020). 《로봇 시대, 인간의 일》. 어크로스.

김동윤·배상준(2019). "인공지능과 디지털 기술 발달에 따른 트랜스/포스트휴머니즘에 관한 학제적 연구". 《방송공학회 논문지》, 24(3), 411～419쪽.

김분선(2017). "포스트휴먼 시대, 인간 지위에 대한 고찰". 《환경철학》, 23, 37～61쪽.

김휘택(2019). "포스트휴먼으로서의 인간에 관한 일고찰: 신체와 시각, 가상과 실재를 중심으로". 《다문화콘텐츠연구》, 32, 303～329쪽.

닐 스티븐슨(2021). 《스노 크래시》. 남명성 옮김. 문학세계사.

오종택·신진(2022). "메타버스 공간 출현과 국가권력의 변화". 《대한정치학회보》, 30(2), 55～78쪽.

이태리(2025). "AI 노동 행위성과 사회 기술적 상상에 대한 고찰: 넷플릭스 시리즈 〈블랙 미러: 존은 끔찍해〉를 중심으로". 《영상기술연구》, 47, 83～106쪽.

황화상(2022). "인공지능 시대의 언어 연구: 주요 문제와 언어학의 역할". 《언어와 정보 사회》, 45, 145～168쪽.

10
《삼체》:
삼체인의 물리학적 공격과 파멸

삼체인과의 접촉을 계기로 인류가 맞이하는 물리학적 공격과 문명의 파멸을 다룬다. 작품은 압도적인 과학기술 앞에서 무력해지는 인간의 모습을 통해, 기술 발전이 불러올 위기와 존재적 불안을 보여 준다. 이는 인류가 스스로 만든 과학의 힘에 의해 얼마나 쉽게 파멸로 치달을 수 있는지를 경고하는 디스토피아적 서사다.

AI와 미래 의사?

삼체인의 물리학적 공격과 인류 문명의 무력화

류츠신의 《삼체》는 단순히 외계 문명과 지구 문명이 충돌하는 서사가 아니라, 인간 존재의 근본적인 취약성과 과학에 대한 맹목적인 신뢰를 뒤흔드는 작품이다. 삼체인은 지구 문명을 무너뜨리기 위해 전통적인 무력이나 병기를 사용하지 않는다. 대신 인류가 가장 절대적이라 믿어 온 '과학적 진리'의 기반을 무너뜨리는 전략을 선택한다. 그들의 공격은 입자 가속기 실험을 교란시켜 기초 물리학의 법칙이 더 이상 재현되지 않도록 만드는 방식으로 이뤄진다. 그 결과 인간은 과학을 더 이상 신뢰할 수 없게 되고, 기술 발전은 정체되며, 문명의 진보 자체가 중단된다.

이러한 설정은 단순한 SF적 상상이 아니라, 현대 과학 기술 발전에 대한 경고로 읽힌다. 인간은 진보를 당연한 것으로 여겨 왔으며, 과학은 그 진보의 가장 신성한 영역이었다. 그러나 삼체인의 공격은 그 신념을 철저히 붕괴시키며, 인류가 의지해 온 합리성과 이성의 토대를 무력화한다. 이는 인간 문명의 기반 자체가 얼마나 취약한지, 그리고 우리가 믿어 온 진리와 지식이 얼마나 쉽게 흔들릴 수 있는지를 보여 준다.

삼체인의 전략은 단순한 테러가 아니다. 그것은 인류

의 정체성과 문명의 근간을 겨냥한 해체 행위다. 인간은 자신이 축적한 과학적 지식 위에서 문명을 발전시켜 왔지만, 그 기반이 무너지는 순간 인간은 더 이상 스스로의 미래를 설계할 수 없다. 과학적 탐구가 멈추는 그 순간 바로 인간은 방향을 잃고, 기술적 진보는 정체되며, 인류는 스스로의 문명을 유지할 수 없는 존재로 전락한다.

이 서사는 오늘날 AI와 인간의 관계에 대한 강력한 은유로도 해석될 수 있다. AI는 인간보다 훨씬 빠르고 정밀하며, 무한에 가까운 학습 능력을 지닌다. 처음에는 인간이 만든 도구였지만, 어느 순간부터 인간의 판단과 창의성을 대체하기 시작한다면, 인간은 더 이상 자기 문명의 주체가 아니다. 우리가 AI를 통해 기술적 진보를 가속화할수록, 인간이 의존하는 지식의 기반과 인지적 역할은 점점 더 축소된다. 결국 AI는 인간의 사고와 판단 능력을 잠식하는 존재로 변모할 가능성이 있다.

《삼체》 속 삼체인은 오랜 시간 동안 지구 문명을 관찰하고 분석한다. 그들은 인간이 한계를 극복하지 못하도록 과학의 진보를 의도적으로 억제한다. 이는 마치 AI가 인간의 인지 영역을 점차 대체하고, 인간이 더 이상 '스스로 생각할 필요가 없는' 상황으로 몰아가는 미래를 연상시킨다. 인간이 과학과 기술을 맹목적으로 신뢰하는

한, 우리는 언젠가 그 기술에 의해 자기 존재의 주도권을 상실할 수 있다는 경고가 담겨 있다.

《삼체》는 이처럼 과학적 진리와 문명 진보에 대한 인간의 신념을 전복시키며, 문명의 취약성과 존재론적 위기를 드러낸다. 과학은 결코 절대적이지 않고, 그 기반은 의외로 쉽게 무너질 수 있다는 사실을 보여 준다. 류츠신은 이 서사를 통해, 인류가 자신이 만든 기술과 지식의 결과물에 의해 언제든 객체화될 수 있는 존재임을 강조한다.

결국 삼체인의 물리학적 공격은 단순히 외계인의 문명이라는 그 우월성을 과시하는 것이 아니다. 그것은 인간이 믿어 온 세계관 자체를 붕괴시키며, 우리가 의존하는 과학적 합리성과 지식 체계가 얼마나 불안정한 토대 위에 놓여 있는지를 드러낸다. 이러한 설정은 현대의 AI, 양자기술, 빅데이터와 같은 신기술의 발전을 바라보는 우리의 태도에 중요한 질문을 던진다. 기술이 인간을 돕는 도구로만 남을 것이라는 믿음은 근거 없는 낙관일 수 있다. 기술은 인간의 능력을 확장하는 동시에, 인간이 자기 문명의 주체로 존재할 권리와 의미를 상실하게 만드는 도구로도 작동할 수 있다.

따라서 《삼체》는 단순한 외계 문명과 지구 문명의 대

결을 넘어, 인류 문명의 존재론적 취약성과 과학적 교만에 대한 성찰을 요구하는 작품이다. 삼체인의 공격은 우리가 당연하게 믿어 온 '진보'라는 신념을 부정하며, 인류 자체를 스스로 유지하기 위해 의존해 온 과학적 기반이 얼마나 쉽게 무너질 수 있는지를 보여 주는 강력한 경고의 서사다.

인간은 기술 진보, 문명 파괴의 어디에 있는가

'삼리(三理)'라는 표현은 세 가지 이성, 혹은 서로 다른 논리적 태도를 의미할 수 있다. 류츠신의 《삼체》 속 인간들의 반응은 외계 문명인 삼체인을 맞이하는 과정에서 크게 두 가지로 갈라진다. 첫째는 인류 문명에 대한 회의와 비관 속에서 삼체인을 환영하는 자들, 즉 인류 배신자들이다. 예원제를 비롯한 이 집단은 인간이 그들 자체를 구원할 수 없다고 믿으며, 삼체인의 도래를 일종의 해방으로 여긴다. 둘째는 지구 문명을 끝까지 지키려는 저항자들이다. 이들은 인간 문명이 불완전하더라도 그것을 지켜야 한다는 신념 아래, 삼체인에 맞서 싸우는 길을 선택한다.

하지만 이 두 가지 태도 외에도 작품은 암묵적으로 세 번째 가능성을 제시한다. 그것은 바로 인간 내면의 윤리적 각성과 책임감이다. 기술 진보와 문명 유지의 문제를 단순히 생존과 파괴의 이분법으로만 보지 않고, 인간이 과연 존재의 의미를 어떻게 부여하며, 타자를 포용하고 미래에 대한 책임을 질 수 있는가에 대한 질문을 던진다. 이러한 질문은 단지 SF 속 서사에 머무르지 않고, 오늘날 AI와의 공존을 모색하는 현대 사회가 직면한 딜레마와 직결된다.

《삼체》는 문명과 기술의 진보가 반드시 윤리적 성숙을 동반하지 않는다는 사실을 날카롭게 드러낸다. 작품 속 많은 인간들은 삼체 문명이 지닌 절대적 지식과 기술력 앞에서 무력감을 느끼고, 그 압도적인 힘에 굴복하거나 심지어 스스로 문명을 포기한다. 이러한 모습은 현대 사회가 드러내고 있는 태도와 놀랍도록 닮아 있다. 우리는 AI의 판단을 점점 더 신뢰하고 있으며, 정치, 경제, 군사, 의료 등 다양한 영역에서 AI의 결정에 의존하는 일이 늘어나고 있다. 기술이 인간의 손에 있는 한 인간이 주체라는 믿음은 점점 허물어지고 있으며, 우리는 모두의 문명을 무력화시키는 방향으로 나아가고 있는지도 모른다.

작품은 이렇게 묻는다. 인간은 단순히 생존을 위해서만 기술을 추구하는가? 아니면 기술은 더 나은 존재로 나아가기 위한 수단이 될 수 있는가? 기술이 계속적인 발전을 이룬다 해도 인간의 윤리적 성숙이 뒤따르지 않는다면, 진보는 곧 파괴의 다른 이름이 될 것이다. AI가 인간의 의사 결정을 대신하는 시대에 들어서면서, 우리는 더욱 근본적인 질문 앞에 서게 된다. 기술은 무엇을 위해 존재하는가? 우리는 왜 진보를 추구하는가?

삼체인의 공격은 외부로부터의 위협으로 보이지만, 그 근본적인 원인은 인간 내부에 있다. 인간의 무지, 교만, 그리고 책임 회피가 결국 외부의 파괴를 초래하는 원동력이 된다. 작품은 단순히 외계 문명과의 충돌을 그리는 것이 아니라, 인간이 스스로를 어떻게 정의하고, 어떤 선택을 하는지에 따라 문명의 존속 여부가 결정된다는 점을 강조한다.

궁극적으로 《삼체》는 미래에 대한 공포를 제시하지만, 동시에 그 공포에 머무르지 않고 우리에게 질문을 던진다. 우리는 왜 진보를 원하며, 기술은 인간에게 무엇을 의미하는가? 이 질문에 답하지 못하는 한, 인류는 더 뛰어난 기술을 개발해도 전체의 문명을 지킬 수 없다.

결국 인간을 지키는 것은 더 발전된 과학기술이 아니다. 그것은 질문하는 인간의 태도, 그리고 그 질문 앞에서 멈추지 않는 윤리적 사고다. 삼체인의 공격은 문명을 무너뜨리는 외부적 사건이지만, 그 근본적인 뿌리는 인간 스스로가 진보의 방향을 묻지 않고 기술을 숭배한 결과다. 류츠신은 이를 통해 기술이 아닌 인간의 내적 성찰과 책임의식이야말로 문명을 지키는 진정한 방패임을 보여 준다.

《삼체》는 결국 우리에게 말한다. 진보는 목적이 아니라 수단이어야 하며, 기술의 발전은 존재의 의미와 윤리적 선택이라는 더 큰 틀 속에서 다뤄져야 한다. 인간이 스스로 질문하지 않는다면, 삼체인의 공격을 기다릴 필요조차 없다. 우리는 이미 우리 손으로 문명을 무력화시키고 있을지 모른다.

참고문헌

김기덕·전준현(2023). "메타버스 세상을 가져온 동인(動因)과 인문콘텐츠의 역할". 《인문콘텐츠》, 68, 9~33쪽.

김미정(2022). "류츠신(劉慈欣)의 《삼체(三體)》 읽기: '과학'과 '문학'의 상호관계". 《중국어문학》, 89, 121~148쪽.

류츠신(2022). 《삼체》. 이현아 옮김. 자음과모음.

박상완(2024). "넷플릭스 오리지널 드라마 〈삼체〉의 서사 전략에 관한 연구". 《대중서사연구》, 30(3), 215~254쪽.

박정훈(2021). "류츠신(劉慈欣)《삼체(三體)》의 니힐리즘적 세계관 고찰". 《중국연구》, 86, 25~42쪽.

손주연(2022). "중국 SF의 포스트휴머니즘적 문학 상상: 류츠신(劉慈欣)《삼체(三體)》를 중심으로".

《한중언어문화연구》, 65, 233~260쪽.
이초식(2001). “윤리는 과학기술발전의 적(敵)인가?”. 《과학기술학연구》, 1(2), 291~309쪽.

송현희

전북대학교, 제주대학교, 경찰대학교, 충북대학교 등에서 강의를 하고 있다. 동시에 '팡세아트스토리텔링'을 운영하고 프로그램을 기획하고 있다. 한남대학교에서 영미아동청소년문학 박사 학위를 받았다. 한국연구재단에서 지원받아 다양한 분야(인공지능, 바이러스, 혼, 좀비, 동서양의 문화 등)의 연구를 진행하고 있다. 대학에서는 실용영어, 영문학, 영어회화 등 영어 분야와 인문학, 영상문학, 다문화, 영화, 인간 심리 등 인간이 관련된 학문을 중점적으로 강의하고 있다. 아울러 문화재단, 교정시설, 군부대 등지에서 프로그램을 기획하고 자문하며 심사하는 역할도 하고 있다. 연구교수로서 국제학술대회를 기획하고 논문을 발표하며 경험을 넓히고 더 많은 학생과 문화를 체험하고자 강사로서의 삶에 집중하고 있다. 또한 지역(청주, 전주, 아산, 제주, 용인, 창원, 포항)에서 강의한 경험을 토대로 학생들과 과목의 관계, 효율성 등을 동시에 연구하고 있다. 대전문화재단에서 생애 전환 문화예술학교의 프로그램을 모두 기획하고 강의를 진행했다(2018~2023). 청주소년원, 아산문화재단, 해커스, 옥스퍼드 등의 기관에서 연극, 시각디자인, 무용, 영화 전문가 들과 프로그램을 기획하고 강의하고 있다.